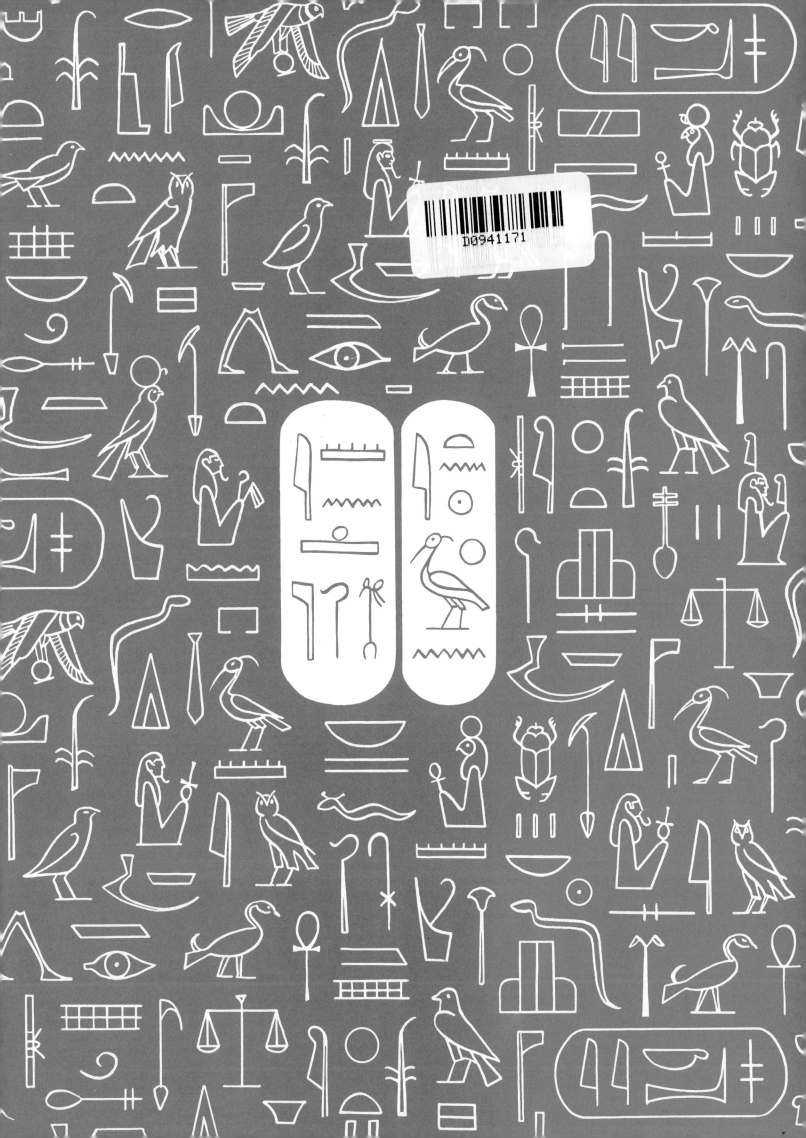

E.P. JACOBS

LE MYSTERE
de la
GRANDE PYRAMIDE

LE PAPYRUS DE MANETHON

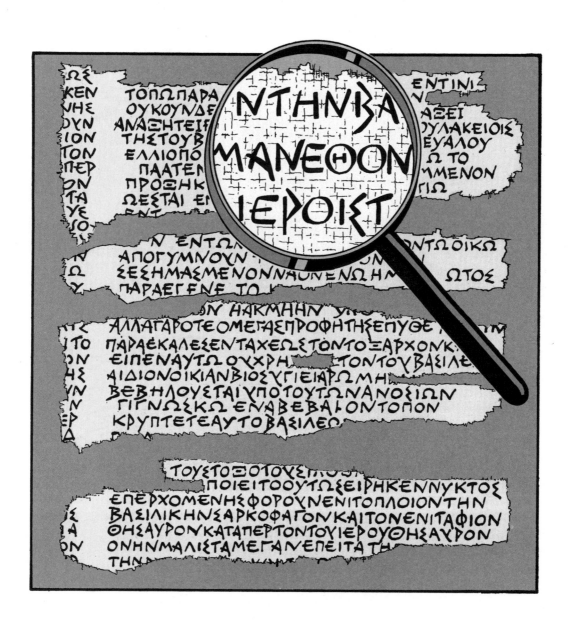

LES EDITIONS BLAKE ET MORTIMER
BRUXELLES

Lettrage : *Dominique Maes*
Coloriage : *Luce Daniels*
Coloriage de la couverture : *Philippe Biermé*

D/2000/0086/193
ISBN : 2-87097-008-0

Imprimé en Belgique par Proost en mai 2000

Oui, deux mots avant que ne se lève le rideau sur l'histoire que je vais te conter. En effet, pour bien goûter et mieux comprendre ce qui va suivre, j'aimerais que tu lises ces quelques lignes destinées, comme on dit, à planter le décor !

Le Pays des Pharaons...

L'origine de la civilisation égyptienne, l'une des plus prodigieuses de l'antiquité, se perd dans la nuit des temps. En effet, lorsque vers 3500 avant J.C., avec le roi Menés, apparaissent les premiers pharaons, la vallée du Nil a déjà derrière elle une prodigieuse période prédynastique, qui s'étend sur des milliers d'années. Pour te donner une idée de l'immensité de l'espace de temps que couvre l'histoire de l'Egypte, je te dirai seulement qu'entre le pharaon Khéops, le bâtisseur de la Grande Pyramide, dont il sera question dans ce récit, et le pharaon Akhnaton, près de deux mille ans se sont écoulés, c'est-à-dire autant de temps qu'entre l'époque de Jésus et nous !...

Aussi, en dépit de l'inestimable découverte de Champollion, à qui nous devons le déchiffrement de l'écriture hiéroglyphique, et malgré les immenses progrès de l'égyptologie, nous n'avons encore sur son histoire que des connaissances bien incomplètes. De périodes entières nous ne savons pas grand-chose, et des trente dynasties qui se sont succédées sur le trône des pharaons, onze seulement nous sont suffisamment connues !! Or, un seul homme aurait pu nous éclairer. Cet homme s'appelait Manéthon...

Manéthon l'historien

Vivant au IIIᵉ siècle av. J.C., alors que l'Egypte était sous la domination grecque, Manéthon, qui était prêtre, composa, sur la demande de Ptolémée Iᵉʳ, ancien général d'Alexandre le Grand devenu souverain d'Egypte, une histoire de ce pays.

Recueillies à la source, dans des bibliothèques des temples et dans les archives royales, ses notes devaient former un ensemble

VUE D'ENSEMBLE DES PYRAMIDES DE GIZA.

inestimable. Malheureusement, cette histoire fut perdue ! Par conséquent, représente-toi l'importance et la valeur qu'aurait pour l'historien moderne, la découverte d'un fragment authentique de cette œuvre !!

Le plateau de Giza

Mais venons-en au principal élément de notre décor, celui qui occupera le centre de l'action: LA GRANDE PYRAMIDE !...

Tombeau royal, la Grande Pyramide de Khéops, de même que ses deux géantes voisines, les pyramides de Khéphren et de Mycérinus, s'élève sur le plateau de Giza à une dizaine de kilomètres de la ville du Caire.

Les Egyptiens qui, depuis les temps les plus reculés ont révéré le soleil, dont l'un des noms, Horus, reviendra souvent dans ce récit, considéraient cet endroit comme l'un des hauts lieux du culte solaire. Un coup d'œil sur le plan ci-contre te donnera, d'ailleurs, une notion claire

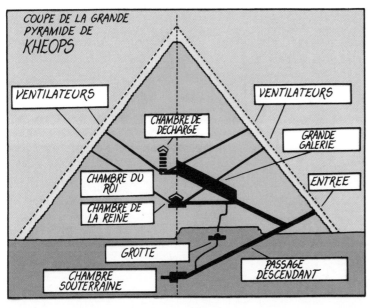

COUPE DE LA GRANDE PYRAMIDE DE **KHEOPS**

VENTILATEURS

VENTILATEURS

CHAMBRE DE DECHARGE

GRANDE GALERIE

CHAMBRE DU ROI

ENTREE

CHAMBRE DE LA REINE

GROTTE

CHAMBRE SOUTERRAINE

PASSAGE DESCENDANT

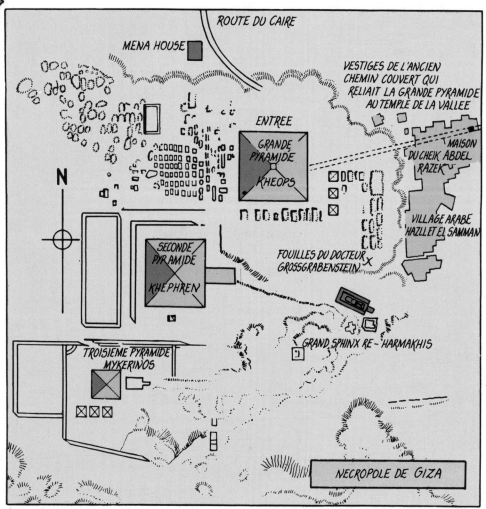

ROUTE DU CAIRE

MENA HOUSE

VESTIGES DE L'ANCIEN
CHEMIN COUVERT QUI
RELIAIT LA GRANDE PYRAMIDE
AU TEMPLE DE LA VALLÉE

ENTRÉE

GRANDE
PYRAMIDE
KHÉOPS

MAISON
DU CHEIK ABDEL
RAZEK

N

SECONDE
PYRAMIDE
KHÉPHREN

FOUILLES DU DOCTEUR
GROSSGRABENSTEIN

VILLAGE ARABE
HAZLLET EL SAMMAN

GRAND SPHINX RE - HARMAKHIS

TROISIEME PYRAMIDE
MYKERINOS

NÉCROPOLE DE GIZA

de ce plateau de Giza, dont le sol doit encore receler maint secret, comme le prouve la toute récente découverte, au pied de la Grande Pyramide, d'une énorme Barque Solaire, d'une incroyable ancienneté !...

La Grande Pyramide

De sa masse écrasante de six millions de tonnes, la Grande Pyramide domine toute la contrée environnante. Haute de 138 mètres, large à sa base de 227 mètres, elle est constituée par un ensemble de deux millions de blocs calcaires dont la plupart pèsent au moins deux tonnes.

Ces blocs (certains atteignent 10 mètres de long), sont si exactement ajustés qu'on peut en parcourir la surface de la main sans découvrir le joint qui les sépare !

Cette masse de pierre dépasse de 77 mètres les tours de Notre-Dame de Paris et, si la pyramide était creuse, l'église Saint-Pierre de Rome y disparaîtrait complètement !

Pourtant, cette merveille, la seule qui subsiste, hélas ! des «Sept Merveilles» du monde antique, ne ressemble guère à ce qu'elle était au temps où elle fut construite. Elle atteignait alors 148 mètres de haut et portait sur ses quatre faces un revêtement de fin calcaire blanc, lisse, poli, qui reflétait le soleil avec tant d'éclat, que les Egyptiens lui avaient donné le nom de «La Lumière».

A la fin du XIIe siècle, ces revêtements étaient encore en place, mais un tremblement de terre ayant dévasté la ville du Caire, les Arabes, pour reconstruire leur cité, prélevèrent tout simplement

sur les flancs de la Grande Pyramide les matériaux nécessaires !...

**Le Mystère
de la Grande Pyramide**

Pendant des dizaines de siècles, le colosse qui défia victorieusement les Hyksos, les Assyriens, les Perses, les Grecs et les Romains, garda jalousement son secret. Mais, en 820 après J.C., le calife Al Mamoun, (fils du fameux calife Haroun Al Rachid des «Mille et Une Nuits») décida de vérifier si, comme l'affirmait la légende, la pyramide recelait de fabuleux trésors. Une armée d'ouvriers s'attaqua au géant. Mais lorsque, après d'incroyables efforts, ils parvinrent à y pénétrer, ils ne découvrirent que trois chambres, que l'on appelle abusivement, la «chambre du Roi», la «chambre de la Reine» et la «chambre souterraine». Seule, la première contenait une grande auge de granit rouge !... En vain, les ingénieurs s'acharnèrent-ils à fouiller les chambres et les couloirs, sondant les murs et les pavages, le fameux trésor resta introuvable !...

Depuis, les siècles ont continué de couler sur ce vénérable monument que garde son silencieux compagnon le Sphinx, si vieux lui-même, que du temps de Khéops, il était déjà, dit-on, une énigme... Et le «Mystère de la Grande Pyramide» n'est toujours pas découvert !!!...

C'est à lui, ami lecteur, que le professeur Mortimer et le capitaine Blake vont s'attaquer.

Le rideau va se lever ! Bonne lecture... et bon voyage ! L'histoire commence !!!...

LE GRAND SPHINX
RE-HARMAKHIS

11 H 40'... LE CONSTELLATION G.H.B.N. DE LA LIGNE LONDRES-LE CAIRE SURVOLE LA COTE EGYPTIENNE...

A CE MOMENT, LE PROFESSEUR AHMED RASSIM BEY, CONSERVATEUR DU MUSEE DES ANTIQUITES EGYPTIENNES, PENETRE DANS L'AEROGARE D'ALMAZA.

Pardon !... L'avion de Londres n'est-il pas encore arrivé, je vous prie ?...

On vient de le signaler à Effendi, il sera ici dans une quinzaine de minutes !...

A BORD DE L'AVION, DEUX PERSONNAGES BIEN CONNUS DE NOS LECTEURS DEVISENT TRANQUILLEMENT...

Eh bien, voilà qui nous change un peu de notre équipée à bord de "l'Aile Rouge", n'est-ce-pas, Nasir ?

Certainement, Sahib...

Et d'ailleurs, nous sommes en vacances ! Finis les neutrons, protons et autres "Espadons" !... Ah ! J'ai hâte de revoir ce beau pays et aussi cet excellent ami Ahmed Rassim. Pense donc ! Non seulement il me permet, à moi simple physicien, d'exercer mon "hobby" d'archéologue amateur, mais il m'invite encore à participer au déchiffrement de ses toutes dernières trouvailles. Il me parle même d'une découverte importante encore ignorée du public !... Qui sait ? Peut-être... Mais je pense que tout ceci ne t'intéresse guère ?...

Au contraire, Sahib, au contraire...

CEPENDANT, AU CAIRE, DEUX MYSTERIEUX PERSONNAGES VIENNENT D'ENGAGER UNE SINGULIERE CONVERSATION TELEPHONIQUE...

Allô !... Chambre 77 ?... Ici, Ben... Non, rien à signaler...? ... Il est à l'aérodrome... Un de ses amis arrive par l'avion de Londres... Comment ?... Un certain professeur Mortimer... Oui, Mortimer...

...Vous ne savez rien d'autre ?... A quelle heure ?... Minuit ?... Bien, j'aviserai. S'il y a du nouveau, je vous avertirai par la voie "K." ! Bonsoir !...

MAIS LE CAIRE EST PROCHE ET...

Fasten seatbelts, please !...

Enfin ! Je ne serai pas fâché de me dégourdir les jambes ! Occupe toi des bagages. Je me charge des passeports...

Très bien, Sahib !...

ET QUELQUES INSTANTS PLUS TARD...

Faites votre approche initiale... Descendez à mille pieds... Vous passez en première position !

ET L'AVION, AMORÇANT SA DESCENTE, S'ENGAGE DANS L'AXE DU RADIO-PHARE...

A MINUIT EXACTEMENT, LE QUADRIMOTEUR VIENT SE POSER SUR LA PISTE D'ALMAZA. UNE PASSERELLE EST AUSSITÔT AJUSTÉE À LA CARLINGUE, ET LES PASSAGERS DESCENDENT SUR LE TARMAC...

Le voilà !...

Cher grand ami, quelle joie de vous accueillir sur le sol d'Egypte !...

...Et quel plaisir pour moi de vous revoir, mon cher Ahmed !...

Afin d'abréger les formalités, j'ai obtenu pour vous et votre serviteur une licence spéciale... Venez par ici...

By Jove ! Ahmed, vous êtes l'obligeance même !...

Passport, please !...

ET TANDIS QUE LES DEUX AMIS PÉNÈTRENT AU SERVICE DES PASSEPORTS, NASIR PASSE À LA DOUANE.

C'est bien !...

Merci...

OR, COMME NASIR SE DIRIGE VERS LA SORTIE, IL ÉPROUVE SOUDAIN LA DÉSAGRÉABLE SENSATION D'ÊTRE OBSERVÉ. LEVANT LES YEUX, IL APERÇOIT À TRAVERS LA VITRE QUI SÉPARE LA DOUANE DU HALL D'ENTRÉE, UN HOMME QUI LE DÉVISAGE AVEC INSISTANCE...

...INTRIGUÉ, NASIR SE DIRIGE VERS LUI, MAIS L'INCONNU BAT PRÉCIPITAMMENT EN RETRAITE ET SE PERD AUSSITÔT DANS LA FOULE QUI SE PRESSE DANS LE HALL. SURPRIS PAR CE MANÈGE INSOLITE, NASIR HÉSITE UN INSTANT...

...PUIS, COMME PRIS D'UNE IDÉE SOUDAINE, IL S'ÉLANCE VERS LA SORTIE...

...PASSE LA PORTE EN TROMBE ET SE PRÉCIPITE DANS LE HALL...

...MAIS TROP TARD !... L'HOMME A DISPARU.

Où donc ai-je vu cette tête-là ?... Par Allah ! Si c'était !...

Eh bien, mon cher, sans votre fameux papier, je crois bien que nous logions ici ce soir !...

A propos de logement, je vous ai retenu deux chambres au "Continental" et... Mais, n'est-ce pas votre serviteur, là-bas ?...

Hello, Nasir ! Que fais-tu donc là, immobile comme une statue de la perplexité ?...

Il y avait là un chauffeur qui m'épiait !... Lorsque je l'ai aperçu, il s'est enfui !... C'est un espion, Sahib, j'en suis sûr !

Des espions ! Voyons, nous ne sommes pas ici au pays de Tourkeber !... Allons, laissons cela, et en route ! Le Professeur attend...

L'INSTANT D'APRÈS, LES TROIS HOMMES PRENNENT PLACE DANS L'"AUSTIN" DU PROFESSEUR AHMED... L'AUTO DÉMARRE...

BRITISH OVERSEAS AIRWAYS

...SUIVIE AUSSITÔT PAR UNE GRANDE "LINCOLN" NOIRE...

Mais dites-moi, Ahmed, pourquoi ce contrôle rigoureux ?

Eh bien, depuis quelque temps, une bande d'audacieux aventuriers met littéralement la police sur les dents en étendant sa malfaisante activité aux domaines les plus divers, depuis le trafic de la drogue jusqu'à celui des antiquités, en passant par celui de l'or et des faux papiers !... Ceci explique la sévérité de nos services...

L'"AUSTIN", TOUJOURS SUIVIE DE LA MYSTÉRIEUSE "LINCOLN", STOPPE DEVANT LE "CONTINENTAL SAVOY".

CONTINENTAL-SAV

Merci encore, et bonne nuit !

...Et n'oubliez pas ! Demain, 11h., au Musée !... Allons, bonsoir !...

AHMED BEY S'ÉLOIGNE ET LA "LINCOLN" A SON TOUR GLISSE LE LONG DU TROTTOIR, MAIS NASIR L'APERÇOIT ET...

La voilà !...

Qui ?... Quoi ?... Qu'est-ce que c'est ?...

L'auto noire, là !...

C'était lui, Sahib !... Le chauffeur ! L'espion !...

Encore ! By Jove ! Tu vois des espions partout ! Décidément, je commence à croire que le "Secret de l'Espadon" t'a mis la tête à l'envers !... Allons, au lit !

7

LE LENDEMAIN MATIN, MORTIMER, IMPATIENT DE CONNAITRE LES DERNIERES DECOUVERTES DU PROFESSEUR AHMED RASSIM BEY, SE REND AU "MUSEE EGYPTIEN". SON AMI L'ACCUEILLE A SA DESCENTE DE VOITURE...

Mon cher, le moment est venu de tenir ma promesse... Venez, passons par le Musée, cela vous remettra dans l'ambiance...

J'allais vous en prier...

LES DEUX HOMMES TRAVERSENT LENTEMENT LES VASTES SALLES SONORES...

C'est toujours avec émotion que je revois ces glorieux témoins d'un passé prestigieux...

Akhnaton, l'hérétique...

Etrange personnage!...

ET, REMONTANT LE COURS DES SIECLES...

Le vieux cheikh El-Beled!...

Quelle bonhomie et quelle vie intense dans ce regard!...

ILS ARRIVENT ENFIN DEVANT LES CHEFS-D'OEUVRE DE L'ANCIEN-EMPIRE...

La célèbre dame Nofert... Comme vous le voyez, toujours aussi jeune malgré ses 5000 ans d'âge!...

Le grand Khéphren!

Oui, rarement la majesté royale a été rendue avec autant de grandeur et de sérénité...

Et savourez l'ironie: l'image de Khéops, le fameux bâtisseur de la Grande Pyramide, n'est parvenue jusqu'à nous que sous la forme de cette minuscule figurine d'ivoire!...

Eh! Mais n'est-ce pas là, la fameuse énigme qui tourmente les égyptologues depuis bientôt un demi-siècle?...

...Oui, et je doute qu'elle soit résolue de sitôt!...

C'est Maspéro qui l'a découverte, n'est-ce pas?

Oui, encastrée dans un mur de la Mosquée du Sultan Hassan. Cette découverte fit sensation à l'époque!...

LES DEUX HOMMES SE SONT ARRÊTÉS DEVANT UN ÉNORME BLOC DE CALCAIRE FIN DONT LES MYSTÉRIEUX HIÉROGLYPHES PROPOSENT UNE FOIS DE PLUS LEUR SECRET.

Que dit le texte?...

Il y est question d'offrandes faites à une divinité. En voici la traduction: "J'ai sacrifié devant toi trois mille boeufs avec toute plante au doux parfum, j'ai amené des pierres d'éléphantine," et enfin la fameuse phrase: "Pour construire à nouveau la chambre de Râ-Horakhty" ou d'Horus, comme vous voudrez...

N'a-t-on pas prétendu que ce bloc était un fragment du revêtement disparu de la Grande Pyramide?

Oui, et partant de cette hypothèse, tous les chercheurs de mystère se déchaînèrent... Certains, comme Piazzi Smyth, prétendirent voir dans cette chambre d'Horus une crypte non encore découverte, une sorte de Saint des Saints que la Grande Pyramide recèlerait dans ses flancs!...

Pourtant, vous ne voyez rien d'impossible à ce que ce bloc provienne de la Grande Pyramide?...

Ma foi, non. Tout le monde sait qu'au XIIe s., pour reconstruire leur ville détruite par un tremblement de terre, les habitants du Caire prélevèrent sur les pyramides et les autres monuments les matériaux nécessaires... Mais de là à parler d'une chambre secrète!...

L'hypothèse est-elle donc si invraisemblable que cela?

Hé, hé, je vous entends, cher ami!... Eh bien, si vous aimez les découvertes sensationnelles, venez donc au laboratoire. J'ai là de quoi vous satisfaire...

All right! Je vous suis...

QUELQUES INSTANTS PLUS TARD, MORTIMER ET AHMED PÉNÈTRENT DANS LE LABORATOIRE.

Mon cher Mortimer, je vous présente Abdul Ben Zaïm, mon assistant...

Très honoré, Professeur...

Comment allez-vous?

Voyez-vous, cher ami, Abdul Ben Zaïm est en train de déchiffrer des papyrus provenant d'un cartonnage de momie de l'époque des Ptolémées. Comme vous le savez, ces cartonnages sont le plus souvent constitués de plusieurs couches de papyrus agglomérés. Une fois extraits de leur gangue de colle et de chaux, les papyrus permettent aux chercheurs de faire d'intéressantes découvertes. Dois-je vous rappeler le fragment de l'Odyssée conservé au Musée du Louvre?

Cependant, je crois que cette fois, nous tenons vraiment quelque chose de sensationnel! Et sachez que ce que vous allez voir est encore, sauf pour mon assistant et moi-même, un secret pour le monde scientifique!!!

Alors, Abdul, où en sommes-nous?

En dehors de ce qui a été déchiffré, j'ai réussi à assembler quelques fragments nouveaux qui semblent être de la même veine... Mais ils sont encore humides et la lecture en est difficile...

Eh bien, voici un préambule très prometteur!...

Vous ne croyez pas si bien dire!...

Quoi? Qu'y a-t-il?

Ahmed!... Là, regardez! Et dites-moi si je rêve!?!...

AHMED SE PENCHE SUR LE TEXTE ET...

Par Allah! Que vois-je?... "Dans la chambre d'Horus"!

La chambre d'Horus!... C'est incroyable! Alors qu'il y a une demi-heure à peine, nous regardions la pierre de Maspéro qui fait précisément mention de cette chambre!

...Chambre dont vous mettiez d'ailleurs l'existence en doute!...

Mais vite, voyons la suite!

"...Dans la chambre d'Horus où il repose depuis sous la garde de quelques fidèles initiés de l'Ancien Rite, dans le lieu splendide..." C'est tout!... A moins qu'Abdul?...

L'INSTANT D'APRÈS LES DEUX HOMMES SONT DANS LE LABORATOIRE.

...Ainsi vous n'avez plus rien trouvé?

Non, professeur, sauf ce passage d'un poème et ce passage d'une ordonnance royale!... Mais rien de Manéthon.

C'eût été trop beau!...

Auriez-vous découvert quelque chose d'intéressant, Professeur?

D'intéressant? Dites quelque chose de prodigieux, mon ami! Rien moins qu'un texte faisant allusion à cette fameuse "chambre d'Horus" citée sur la pierre de Maspéro! Alors?...

Eh bien, Mortimer, en vous invitant à venir admirer notre "Manéthon", j'étais loin de me douter que ce cartonnage recelait la réponse à l'une des plus troublantes énigmes de l'histoire!...

Hé, hé, mon cher! Seriez-vous disposé à revoir votre opinion au sujet des chambres secrètes et des trésors cachés?...

Mais dites-moi, Ahmed, il me vient une idée... Ce Paatenemheb, dont Manéthon a recopié le texte, n'avait-il pas été l'un des favoris d'Akhnaton, le "Pharaon Maudit", avant de devenir Grand Prêtre du Temple d'Héliopolis?...

En effet, pourquoi?...

Et la momie royale, pas plus que le trésor funéraire, n'ont été retrouvés, n'est-ce pas?

Non, mais vous n'allez pas...

Comme vous y allez, Mortimer! De grâce, ne nous emballons pas! D'abord, rien ne nous dit que nous trouverons la suite de notre texte. Et puis... et puis il ne s'agit peut-être que d'un simple récit légendaire. Je regrette de refroidir ainsi votre enthousiasme, mais la plus grande prudence s'impose. En attendant, et puisque de toute façon il n'y a rien d'autre à faire, laissons travailler mon assistant.

Quant à vous, Abdul, faites diligence... Et s'il y avait du nouveau, prévenez-moi immédiatement...

Professeur, comptez sur moi...

Alors pourquoi ne s'agirait-il pas du trésor funéraire d'Akhnaton auquel aurait été joint celui du Temple d'Aton!... Une telle découverte n'éclipserait-elle pas, et de loin, celle de Tout-Ankh-Amon! Dites?...

Le trésor d'Aton!?!...

...mais cela m'étonnerait beaucoup, beaucoup!

Allons, mon cher, venez! Nous reparlerons de tout cela ce soir, en dînant...

LE MÊME SOIR, AU CONTINENTAL SAVOY...

Oui, sois tranquille!... Je les ai à l'œil. A propos, comme je ne puis pas téléphoner là-bas, en cas d'urgence, je passerai sous les fenêtres du labo en donnant deux coups de klaxon.... Et grouille-toi! Le patron a examiné ce que tu lui a transmis et il veut la suite ce soir encore!...

ATTABLÉS DANS UN COIN TRANQUILLE, NOS DEUX AMIS FINISSENT DE DÎNER...

Oh, je n'ai pas cessé d'échafauder des hypothèses au sujet de ce fameux papyrus!...

Exactement comme moi!... Et peut-on connaître le résultat de vos réflexions?...

Eh bien, deux choses semblent acquises : d'une part, il existe réellement une chambre d'Horus. D'autre part, cette chambre contient un trésor!... Comme le grand prêtre Paatenemheb, auteur du texte primitif, destinait celui-ci aux archives secrètes du Temple d'Héliopolis, j'ai peine à croire qu'il ait inventé l'histoire de toutes pièces!...

Cela me paraît logiquement raisonné, mais continuez...

Voici : En 1370 av. J.C., le jeune Aménophis IV monte sur le trône. Il secoue le joug du clergé d'Amon, et instaure le culte d'Aton, Dieu unique symbolisé par le disque solaire. Après quoi il abandonne Thèbes pour fonder une nouvelle capitale et change son nom d'Aménophis en celui d'Aknaton... Mais son règne est court et il meurt bientôt, épuisé. Les prêtres d'Amon reprennent aussitôt leur ancienne prépondérance et, voulant vraisemblablement effacer jusqu'au souvenir de l'audacieux novateur, ils projettent de détruire sa momie. Je suppose que c'est à ce moment que Paatenemheb, l'ancien favori d'Akhnaton, décide de soustraire la momie royale et le trésor d'Aton aux outrages de ses ennemis en les cachant dans la chambre d'Horus!...

Élève Mortimer, vous aurez dix!...

Riez donc! Mais avez-vous déjà songé à ce que pourrait être le trésor d'un pharaon aussi illustre qu'Akhnaton, lorsque l'on songe aux richesses entassées dans la tombe de son faible successeur Tout-Ankh-Amon!?!

Je n'ose pas trop y penser, cher ami! Et j'avoue que sous mon apparent scepticisme, je suis aussi impatient que vous de poursuivre les recherches. Toute l'après-midi, j'ai espéré un coup de téléphone d'Abdul...

Mais au fait, pourquoi n'irais-je pas jeter un coup d'œil au Musée? Les derniers papyrus doivent être secs et lisibles maintenant, et même s'il n'y a rien d'intéressant, ma foi, je cours le risque!...

Aller au Musée, à cette heure?...

Oh, cela m'arrive assez souvent... Je travaille même mieux la nuit...

All right! Dans ce cas, je vous accompagne!...

Oh! Ils s'apprêtent à partir... Allons, vite! Gagnons la sortie...

Ma voiture est de l'autre côté... Nous en avons pour cinq minutes, le Musée est à deux pas...

Au Musée!... Il n'y a pas une minute à perdre : filons!...

L'HOMME SE PRÉCIPITE VERS UNE VOITURE RANGÉE LE LONG DU TROTTOIR, QUAND, SOUDAIN...

Hep!... Un instant, mon gaillard!!!...

?

UN CHAOUCH VIENT DE SURGIR DER-
RIERE LE CHAUFFEUR AHURI, ET L'INTERPELLE...

Alors, c'est vous l'homme à la "Lincoln"? Il y a une
heure que je vous attends!... Vous ne voyez donc pas qu'il
est interdit de parquer ici?... Allons, vos papiers!

Excusez-moi, je
croyais que...

ET TANDIS QUE LE POLICIER VERBALISE, L'HOMME RONGE SON FREIN...

Voilà bien ma veine!

...IL VOIT S'ELOIGNER L'"AUSTIN" DU PROFESSEUR AHMED...

...QUI, QUELQUES MINUTES PLUS TARD,
S'ARRETE DERRIERE LE MUSEE EGYPTIEN.

Tiens! Qu'est-ce qui se passe?...
De la lumière dans le labo!?!

Bah, une ronde
peut-être?...

PAR LES COULOIRS OBSCURS, LES DEUX HOMMES SE
DIRIGENT RAPIDEMENT VERS LE LABORATOIRE...

Et la porte est fermée!...

...DANS LEQUEL ILS PENETRENT EN COUP DE VENT...

Abdul!!!... Que
faites-vous ici?

Oh!!!

Euh!... Excusez-moi, votre brusque irruption
m'a fait peur, je l'avoue... Eh bien, le fait
est que je ne pouvais détacher ma pensée
de cette "chambre d'Horus"... et... à l'idée que
ce cartonnage recelait peut-être la clef de l'énigme, je n'ai pu résister au désir de venir poursuivre les recherches... Le gardien-chef m'a
ouvert... J'espère que vous me comprenez?...

Ah! Ah! Alors,
vous aussi!...

Oui, je vous comprends... Et c'est d'ailleurs une curiosité semblable qui nous amè-
ne... Evidemment, vous n'avez rien découvert de nouveau?

Hélas non, Profes-
seur! Voyez
vous-même...

Et puis, ce serait trop beau!

Monsieur Abdul, je crois que vous avez laissé tomber des documents... Là, sous la table...

Des... des documents! C'est
juste... Ah! Merci, Professeur... Merci.

A CE MOMENT, LA "LINCOLN" NOIRE ARRIVE EN TROMBE
SOUS LES FENETRES DU LABORATOIRE.

Trop tard!...

Ah, tant pis!...
Je klaxonne...

EUH!
EUH! EUH!

MORTIMER QUI, INSTINCTIVEMENT, S'EST PENCHÉ A LA FENÊTRE, A JUSTE LE TEMPS DE VOIR UNE "LINCOLN" NOIRE DISPARAITRE DANS LA NUIT...

?

Quel sauvage ! Comment peut-on klaxonner ainsi sans raison ?...

Hé ! Qui sait ? Peut-être en avait-il une, de raison !... Qu'en pensez-vous, Mister Abdul ?...

Moi !?! Mais... Comment le saurais-je ?...

Enfin, je crois qu'il n'y a plus rien à faire ici ce soir... Aussi...

D'accord ! Levons la séance !...

CEPENDANT, GÊNÉ PAR LE REGARD INQUISITEUR DE MORTIMER, ABDUL, QUI S'EST EMPRESSÉ DE RAMASSER SES PAPIERS, QUITTE RAPIDEMENT LE LABORATOIRE...

...SANS REMARQUER, DANS SA HÂTE, QU'UN FRAGMENT DE PAPYRUS A GLISSÉ SOUS LA TABLE...

MAIS LA CHOSE N'A PAS ÉCHAPPÉ A MORTIMER QUI, AYANT LAISSÉ SORTIR LES DEUX HOMMES, RAMASSE RAPIDEMENT LE DOCUMENT...

...ET LE FAIT DISPARAITRE DANS SON PORTEFEUILLE...

Venez-vous, Mortimer ?

Voilà, voilà !...

ET QUELQUES INSTANTS PLUS TARD...

Ouf !

PENDANT CE TEMPS, ABDUL S'EST PRÉCIPITÉ DANS UNE CABINE TÉLÉPHONIQUE.

Vous me semblez bien songeur, cher ami !...

En effet, j'avoue être assez déçu... Et puis, j'ai éprouvé une impression bizarre tout à l'heure... Comment dire ? Votre attitude m'a paru singulière... Auriez-vous quelque idée derrière la tête ?

Ma foi, Ahmed, vous me trouverez sans doute bien compliqué. Mais ce que je pressens est si grave que je vous prierai de ne pas m'interroger en ce moment. Tout ce que je vous demande, c'est de me faire confiance et de me permettre de tenter une petite expérience...

Une expérience. Expliquez-vous.

Allô !... Ici Ben... Oui, je les quitte à l'instant, mais j'ai eu chaud ! Razul a failli me perdre avec son klaxon !...

Oui, je m'en doutais... Il a fait l'imbécile. Et alors ?... Quoi de neuf ?...

J'ai mis la main sur une pièce très importante qui fait suite au document que je vous ai transmis cet après-midi... Elle se compose de deux fragments très abîmés... Je crois qu'il s'agit de l'itinéraire qui mène à la chambre d'Horus !... Malheureusement, je viens de m'apercevoir qu'il me manque un des fragments et... Je vous assure... Je n'y puis rien...

...Ahmed a fait irruption au moment précis où je glissais les documents dans ma serviette. Troublé, j'ai laissé échapper quelques papiers, parmi lesquels le fragment en question... Il a dû glisser sous un meuble... Non, impossible ce soir... Mais demain matin... Soyez tranquille, je suis sûr de le retrouver...

Parbleu ! J'y compte bien !... Sinon, il pourrait vous en cuire ! En attendant, envoyez-moi immédiatement le dossier par la voie K... Bonsoir !...

Eh bien, c'est entendu, et quoique tout cela me semble un peu rocambolesque, vous pouvez compter sur moi... Tout sera réglé selon vos désirs...

Merci !... J'espère que je me suis trompé, mais... A demain donc...

QUELQUES INSTANTS PLUS TARD, MORTIMER, QUI A REGAGNÉ SON APPARTEMENT Y EST ACCUEILLI PAR SON FIDÈLE SERVITEUR.

Bonsoir, Sahib.

Bonsoir, Nasir... Ah, dis-moi, cette auto d'hier soir... C'était une "Lincoln" n'est-ce-pas ?

Oui, Sahib, une "Lincoln" noire...

Une "Lincoln" noire... C'est bien ça

LE LENDEMAIN, A LA FIN DE L'APRÈS-MIDI, DANS UNE RUELLE DU VIEUX QUARTIER...

...ABDUL, QUI S'EST ARRÊTÉ DEVANT UNE PORTE BASSE, FRAPPE D'UNE MANIÈRE CONVENUE...

C'est moi...

Il est là ?

Oui... Et j'aime autant te dire tout de suite qu'il est à cran !

C'est Abdul.

Qu'il entre !...

Ah, vous voilà !... Vous vous faites bien attendre, mon ami !... Et alors, ce papyrus, vous l'avez ?

Hélas, non... Pas encore !

Quoi ?!?

De grâce, laissez-moi vous expliquer... J'ai dû travailler aux archives avec Ahmed... Il ne m'a pas lâché d'une semelle de toute la journée... Je...

Ah ça ! Est-ce que par hasard notre ami Abdul essayerait de jouer cavalier seul ?...

Moi !!!

Répondez, gredin !... Ou préférez-vous que je vous fasse convoquer par le Grand Patron ?

Non ! Non ! Pas çà !... Vous connaissez ma fidélité... Je suis sûr de retrouver le document manquant... Patientez jusqu'à ce soir... Je retournerai au Musée et...

Ce soir ?... Soit... Mais, cette fois, vous n'irez pas seul ! Je vous accompagne !... Je ne me fie pas à votre petit air hypocrite.

Mais c'est impossible ! Comment vous faire entrer ?...

Débrouillez-vous, c'est votre affaire !... Trouvez-vous à l'entrée d'El Khidéiwi Ismâ il Bridge à 9 heures... Et rappelez-vous que le patron déteste les gaffeurs... Encore une plaisanterie comme celle-ci et vous savez ce qui vous attend !...

Bien... Bien... Comptez sur moi...

15

LE MÊME SOIR, DEVANT LE MUSÉE ÉGYPTIEN...

En suivant l'itinéraire que j'ai établi, vous ne pouvez pas vous tromper...Cependant, prenez garde à la ronde de 21 H.30', le ...

Ça va!...Tout ce que je vous demande est d'occuper le portier et de me faire entrer! Le reste me regarde...Allez droit au labo: je vous y rejoindrai dès que la voie sera libre...Et maintenant, au travail...

UN MOMENT PLUS TARD...

Oh! C'est vous, Effendi!... Encore au travail?

Oui... Bonsoir Ali...

Le Professeur Ahmed m'a chargé de venir prendre certains documents dont il a besoin... Veux-tu me donner la clef du labo?...

Mais certainement, Effendi!

LE PORTIER PÉNÈTRE DANS SA LOGE, ET ABDUL SE PRÉCIPITE AUSSITÔT SUR LA PORTE D'ENTRÉE QU'IL OUVRE...

Vite!!!

L'INCONNU SE GLISSE RAPIDEMENT DANS LE VESTIBULE ET DISPARAÎT DANS L'OBSCURITÉ...

Voici la clef, Effendi... Voulez-vous une lampe?

Non, merci...Je connais le chemin!...A tout à l'heure...

QUELQUES INSTANTS PLUS TARD, ABDUL, APRÈS UN FURTIF REGARD EN ARRIÈRE, PÉNÈTRE DANS LE LABORATOIRE...

LES MINUTES PASSENT...DANS LE MUSÉE DÉSERT, QUE LA LUNE INONDE DE SA CLARTÉ, TOUT SEMBLE RÊVER A UN IMMÉMORIAL PASSÉ...MAIS VOICI QUE PARAÎT UNE SILHOUETTE; ELLE S'AVANCE LENTEMENT EN S'ÉCLAIRANT D'UNE TORCHE ÉLECTRIQUE...

...C'EST MOHAMED'ZAIM, LE GARDIEN-CHEF QUI EFFECTUE SA RONDE...MAIS CELUI-CI S'IMMOBILISE SOUDAIN

Ah! Le voilà!...

...PRÈS DE LA COLOSSALE FIGURE D'AKHNATON, LE PHARAON MAUDIT, UNE OMBRE VIENT DE BOUGER...

...LE GARDIEN-CHEF, QUI S'EST AUSSITÔT APPROCHE, MURMURE RAPIDEMENT...

Venez vite!...Il est au laboratoire...

MAIS IL N'A PAS LE TEMPS D'ACHEVER SA PHRASE; UNE MAIN LE SAISIT A LA GORGE, TANDIS QU'UNE MATRAQUE MANIÉE AVEC FORCE L'ABAT SOUDAIN, AVANT QU'IL AIT EU LE TEMPS DE POUSSER UN CRI...

16

LOURDEMENT, LE MALHEUREUX GARDIEN S'EST ECROULE SUR LES DALLES, MAIS...

Tonnerre !!! Il m'a arraché mon foulard !

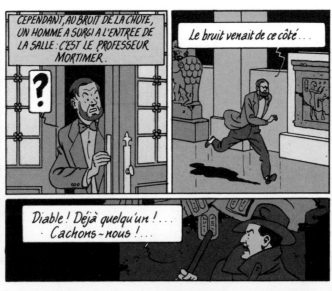
CEPENDANT, AU BRUIT DE LA CHUTE, UN HOMME A SURGI A L'ENTRÉE DE LA SALLE : C'EST LE PROFESSEUR MORTIMER.

?

Diable ! Déjà quelqu'un !... Cachons-nous !...

Le bruit venait de ce côté...

Bon sang !

Le gardien-chef !? Assommé !... Ce ne peut être Abdul... Alors ?...

C'est le moment...

Quelqu'un devait s'être caché là !... Dans ce coin...

ABANDONNANT SA CACHETTE, L'HOMME BONDIT VERS LES PILIERS CENTRAUX...

...MAIS UN LEGER BRUIT FAIT SUBITEMENT TOURNER LA TETE A MORTIMER...

!

QUI, SANS HESITER UN INSTANT, S'ELANCE AFIN DE COUPER LA RETRAITE AU FUYARD. CEPENDANT, CELUI-CI, QUI ATTENDAIT CETTE REACTION, REVIENT AUSSITOT SUR SES PAS.

...ET, LORSQUE LE PROFESSEUR ARRIVE DE L'AUTRE COTE...

Disparu !... Ah ça ! Où diable est-il passé ?...

TOURNANT RAPIDEMENT AUTOUR DES PILIERS, MORTIMER REVIENT A SON POINT DE DEPART...

Ça par exemple !!!...

J'aurais pourtant juré avoir vu une ombre disparaître derrière le pilier...

MAIS IL S'IMMOBILISE SOUDAIN CAR...

?

...DANS LA MAIN CRISPEE DU GARDIEN IL VIENT D'APERCEVOIR UN FOULARD DE SOIE NOIRE !...

MAIS TANDIS QUE LE PROFESSEUR SE PENCHE SUR L'INFORTUNE MOHAMED' ZAIM, UNE OMBRE MENAÇANTE SORT SANS BRUIT DU RENFONCEMENT OBSCUR DE LA "FAUSSE PORTE"...

MAIS, DANS LE GRAND SILENCE, MORTIMER VIENT DE PERCEVOIR DERRIÈRE LUI, UN SOUFFLE HALETANT...

?

RAPIDE, IL SE RETOURNE ET POUSSE UN CRI DE STUPEUR. DANS LE VISAGE ÉCLAIRÉ PAR SA TORCHE, IL VIENT DE RECONNAÎTRE SON IMPLACABLE ENNEMI....(1)

Olrik!!!

IL N'A PAS LE TEMPS D'ESQUISSER UN GESTE DE DÉFENSE, CAR LA MATRAQUE SIFFLANTE S'ABAT VIOLEMMENT SUR LUI...

Moi-même!!!...

La curiosité est un vilain défaut, professeur... Mais nous réglerons nos comptes plus tard!...

Et maintenant, au laboratoire, en vitesse!...

Eh bien?

Rien!... C'est incompréhensible!... Je suis pourtant sûr de...

Ne vous fatiguez pas! Le patron appréciera vos services comme il convient. Mais en attendant, j'ai une agréable nouvelle à vous apprendre: Mortimer était ici ce soir!... Pour vous aider dans vos recherches, je suppose.

Quoi?... Que dites-vous? ...Où est-il?...

Là-bas, dans l'une des salles du Musée, en train de se reposer paisiblement en compagnie d'un gardien trop curieux...

Comment? Vous les avez tués?!... Mais c'est affreux!... Je suis perdu!...

Du calme, jeune homme, du calme!... Les gentlemen sont tout simplement un peu étourdis...

De toute façon, je suis compromis! Que vais-je devenir?...

Le fait est que nous voici dans un fichu pétrin... Mais comme je suis bon prince et... que vous pouvez encore nous servir, je veux bien vous tirer de là...

Je ferai n'importe quoi, mais sauvez-moi! Je vous en supplie!...

Ça va!... Contentez-vous de rester ici tranquillement et attendez mes instructions... D'ici là, gare aux gaffes!...

Mais, que devrais-je dire?...

Tout simplement que quelqu'un vous a assommé au moment où vous avez franchi cette porte. D'ailleurs, pour accentuer la vraisemblance de vos dires, je vais vous arranger un peu... C'est un mauvais moment à passer, mais après tout, cela vaut mieux que vingt ans de travaux forcés!... Et maintenant, veuillez vous retourner...

Me retourner?... Mais pourquoi?...

Allons, allons! Ne perdons pas de temps en paroles inutiles!... Attention, ça va faire un peu mal!... Happy dreams, master Abdul!...

?

(1) VOIR "LE SECRET DE L'ESPADON"

Panel 1 (top left)

DEUX HEURES PLUS TARD, AU MUSÉE EGYPTIEN, TANDIS QUE DANS LE BUREAU DU DIRECTEUR, LE COMMISSAIRE KENDAL TERMINE SON ENQUÊTE...

Alors, comment se portent les blessés ?...

Bah ! Rien de grave, ils en seront quittes avec une bonne commotion !...

Panel 2 (top middle)

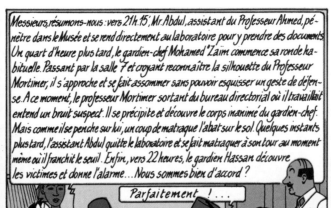

Messieurs, résumons-nous : vers 21h.15, Mr.Abdul, assistant du Professeur Ahmed, pénètre dans le Musée et se rend directement au laboratoire pour y prendre des documents. Un quart d'heure plus tard, le gardien-chef Mohamed Zaïm commence sa ronde habituelle. Passant par la salle 7 et croyant reconnaître la silhouette du Professeur Mortimer, il s'approche et se fait assommer sans pouvoir esquisser un geste de défense. A ce moment, le professeur Mortimer sortant du bureau directorial où il travaillait entend un bruit suspect. Il se précipite et découvre le corps inanimé du gardien-chef. Mais comme il se penche sur lui, un coup de matraque l'abat sur le sol. Quelques instants plus tard, l'assistant Abdul quitte le laboratoire et se fait matraquer à son tour au moment même où il franchit le seuil. Enfin, vers 22 heures, le gardien Hassan découvre les victimes et donne l'alarme... Nous sommes bien d'accord ?

Parfaitement !...

Panel 3 (top right)

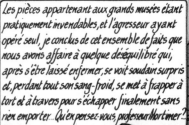

Les pièces appartenant aux grands musées étant pratiquement invendables, et l'agresseur ayant opéré seul, je conclus de cet ensemble de faits que nous avons affaire à quelque déséquilibré qui, après s'être laissé enfermer, se voit soudain surpris et, perdant tout son sang-froid, se met à frapper à tort et à travers pour s'échapper finalement sans rien emporter... Qu'en pensez-vous, professeur Mortimer ?

Panel 4 (row 2 left)

COMME LE PROFESSEUR AHMED FAIT MINE DE PARLER, MORTIMER L'ARRÊTE D'UNE DISCRÈTE PRESSION DU PIED...

Je partage entièrement votre avis, commissaire...

Mais...

Panel 5 (row 2 middle)

Eh bien donc, ce sera tout pour le moment. Mais soyez assurés que l'enquête sera poursuivie avec la dernière énergie... Bonsoir, Messieurs !...

Panel 6 (row 2 right)

Voyez, master Abdul, où peut conduire la passion de l'égyptologie !... Si nous n'avions pas eu la fâcheuse idée de veiller ici, ce soir, nous nous serions épargnés, vous et moi, une bien pénible mésaventure.

Au revoir, commissaire... Bonne nuit, mon brave Zaïm !

A qui le dites-vous, professeur !...

Panel 7 (row 3 left)

Mon cher Mortimer, quelle émotion vous m'avez causée en me téléphonant tout à l'heure pour m'annoncer les stupéfiants événements qui venaient de se dérouler au Musée... L'expérience que vous vouliez tenter a-t-elle au moins réussi ?

Plus que je ne pouvais l'espérer ! Cette nuit a été si fertile en enseignements précieux que j'en viens même à ne pas regretter la bosse que j'ai là, sur l'occiput !...

Panel 8 (row 3 middle)

Bon ! Mais dans ce cas, me direz-vous d'abord ce que vous espériez trouver ici cette nuit, ensuite, pourquoi vous n'avez pas raconté toute l'affaire à la police ?

Panel 9 (row 3 right)

Volontiers !... Apprenez donc que c'est sur mon conseil et en complet accord avec moi que le commissaire, dûment renseigné, a donné à l'enquête cette allure superficielle.

Ah !... Et pourquoi cette méthode singulière ?...

Panel 10 (row 4 left)

Pour rassurer Abdul, votre coquin d'assistant, et lui laisser l'illusion qu'il nous a tous roulés. Car, bien entendu, l'agression dont il aurait été victime, n'était, en réalité, qu'une très habile mise en scène...

Quoi !... Abdul !... Mais voyons !... Pourquoi aurait-il fait celà ?...

Panel 11 (row 4 middle)

Parce qu'il se trouve être le complice d'un personnage ultra-dangereux, sorte de "superman" de l'illégalité. La nature de l'affaire dans laquelle ce monsieur a embarqué votre assistant n'est pas difficile à deviner : trafic d'antiquités, pour lequel Abdul est particulièrement bien placé. Une quelconque histoire de chantage l'aura jeté dans les griffes de ce maître implacable qui le tient ainsi à sa merci...

Je crois rêver !... Mais quel est donc le personnage dangereux dont vous parlez ?...

Panel 12 (row 4 right)

Le "colonel Olrik", tout simplement !... Cet aventurier prodigieux, conseiller du sanguinaire Basam-Damdu au cours de la dernière guerre, et que l'on croyait mort. Il est au contraire bien vivant, et il a repris sa malfaisante activité. Aussi, puis-je vous prédire sans risque de me tromper, que les prochains jours seront fertiles en émotions fortes !

Ce que vous me dites là est formidable ! Mais que cherchait donc ici Olrik ?...

Ceci, cher ami...

...Ce simple petit fragment de papyrus que...

Goddam !!!...

Qu'y a-t-il donc ?

Lisez-moi ça !...

avec les compliments du Colonel Olrik à son excellent ami le professeur Mortimer !

Le gredin !... Ne trouvant pas ce qu'il cherchait dans le laboratoire, il a eu le toupet de revenir dans la salle où je gisais évanoui pour me fouiller !...

Je ne comprends pas très bien... De quoi voulez-vous parler ?...

Voilà : avant-hier soir, j'ai recueilli à l'insu d'Abdul, dont l' attitude avait éveillé mes soupçons, un fragment de papyrus qu'il avait laissé tomber au moment de notre arrivée inopinée dans le laboratoire. Voulant en avoir le cœur net, je vous ai prié de me laisser tenter une expérience qui consistait à tenir Abdul éloigné du laboratoire durant toute la journée, afin de l'obliger à revenir ici cette nuit ; ce qui, selon moi, devait prouver sa culpabilité. Sous prétexte de travail, je suis resté au Musée et me suis embusqué pour le prendre la main dans le sac, mais...

...Vous n'aviez pas prévu l'intervention d'Olrik...

Très juste !... Et notre but eût été manqué si je n'avais eu la précaution de prendre une copie du document... Mais allons à mon hôtel, je vais vous le montrer...

UN PEU PLUS TARD...

Ah ! Nous voici arrivés !...

Entrez, mon cher... Bonsoir, Nasir !...

Bonsoir, Sahib !... Le Sahib a-t-il retrouvé le papyrus ?...

Hein ?!... Quel papyrus ?...

Mais... Celui au sujet duquel le Sahib Ahmed m'a téléphoné...

Moi !?!...

Voyons, explique-toi !...

...Eh bien, vers 10 heures, Sahib Ahmed m'a téléphoné pour dire que Sahib Mortimer ne retrouvait pas un certain papyrus très important, et qu'il faisait demander s'il ne l'avait pas laissé ici. J'ai répondu alors à Sahib Ahmed que j'avais vu Sahib Mortimer le glisser dans son portefeuille...

Par exemple !!!...

Ah ! L'astucieuse canaille !... Je ne m'étonne plus à présent qu'il soit allé droit au docu~ ment... En téléphonant en votre nom à Nasir, il était fatal que celui-ci, sans méfiance, lui livrât une indication... Mais soyons beaux joueurs ; Olrik a gagné la première manche !... A nous la deuxième !... Wait and see !... (1)

(1) ATTENDRE ET OBSERVER !... (DICTON ANGLAIS)

21

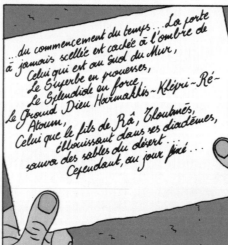

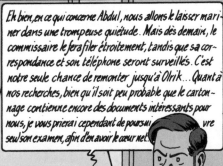

UN INVRAISEMBLABLE TACOT, DATANT DE L'EPOQUE HE-ROIQUE DE L'AUTOMOBILISME, EST RANGE DEVANT LE PERRON.

By Jove!

Dites donc, Zaïm, quel est cet engin ?...Une pièce de fouilles ?

Vous voulez parler de l'automobile de...

Une automobile, ça !?! Alors il s'agit sûrement d'un modèle prédynastique !...Ah!Ah!Ah!

Euh! C'est-à-dire que...

SANS COMPRENDRE LES SIGNES DESESPERES QUE LUI ADRESSE ZAIM, MORTIMER RECULE EN RIANT ET SE HEURTE A UN CURIEUX PERSONNAGE.

Oh ! Pardon !...

Fous zemblez bien choyeux, Monzieu !

Ma foi, qui ne le serait en contemplant ce vénérable vestige des premiers efforts du génie humain !...

Eh pien, Monzieu ...ce fénérable festige, comme fous dites, c'est ma foiture ! Et che n'y fois, en férité, rien de risible !...

Mais, je ...

HEUREUSEMENT, LE PROFESSEUR AHMED INTERVIENT...

Permettez !...Mon ami, le professeur Mortimer !...Herr Doktor Grossgrabenstein !...

Quoi ?...Que tites-fous? Le professeur Mortimer ! L'illustre infenteur de l'Espaton? Inouï !...Prafo !...Enchandé !...

Aimez-fous l'Echyptolochie ? Oui ?...Très pien !...Alors, fenez donc foir mes momies, un de ches chours !...Allons, che pars !...Auf wiedersehen !

Au revoir !

Euh !...Merci !

Hé là !...Ne touchez pas à ma foiture !...Heraus !

Foici pour vous, cheune homme ! Merci d'avoir gardé ma foiture !...

?

HERR GROSSGRABENSTEIN DEMARRE DANS UN VACARME INFERNAL.

Qui est cet hurluberlu ?

L'un des meilleurs égyptologues amateurs que je connaisse. Il vient justement d'obtenir un permis de fouilles pour le tombeau de Tanitkarâ !...Sérieusement, je vous conseille de répondre à son invitation. Sa collection est unique, croyez-moi !...

Très bien, j'y penserai ! Mais avant tout, parlez-moi de votre dernière trouvaille !

C'est juste !...Allons dans mon bureau, voulez-vous ?

Le texte que j'ai découvert devait, à mon avis, faire partie de la fin du rapport de Paatenemheb; malheureusement, il est fort court, et surtout très obscur...

Je suis curieux de voir ça...

QUELQUES INSTANTS PLUS TARD, LE PROFESSEUR AHMED MONTRE A MORTIMER LE TEXTE QU'IL A REUSSI A IDENTIFIER...

Voyez: "...Par le chemin secret de l'Initié, viendra alors l'Envoyé de l'Eloigné, afin de reprendre le Disque d'Or, image sacrée de l'Unique et..." C'est tout !...

Hum ! Je n'irai pas jusqu'à prétendre que c'est limpide... Et cependant, quelque chose me dit que nous brûlons...

Alors, toujours cette chambre secrète ?...

...Hélas ! Mon cher ami, j'ai bien peur que vous ne cédiez par trop aux mirages de l'égyptologie romanesque !

Peut-être, mais...

...En supposant qu'une telle chambre existe et qu'elle renferme les précieuses reliques du Temple d'Aton, n'est-il pas tout naturel de supposer que Paatenemheb et ses compagnons, envisageant une résurrection possible du culte, aient ménagé un passage secret, connu des initiés seuls et permettant, le moment venu, d'aller reprendre dans sa cachette, le Disque d'Or, c'est-à-dire l'image d'Aton, l'Unique !

Quoi ! Un autre passage !!! Les constructeurs anciens auraient donc établi deux entrées à la chambre d'Horus ! C'est du roman policier, mon cher !

Ah ! Vraiment ?...

Notez que votre hypothèse est fort séduisante et que votre argumentation se tient ! Cependant... Mais, que faites-vous ?

MORTIMER, QUI DEPUIS QUELQUES INSTANTS S'EST INSENSIBLEMENT RAPPROCHE DE LA PORTE, BONDIT SOUDAIN...

Hé ! Quelle bonne surprise ! Ce cher monsieur Abdul !...

Que vous est-il arrivé ?...

Je... Je m'étais arrêté un instant... pour lire... J'étais si absorbé et... je...

...je me suis sans doute appuyé par inadvertance contre la porte.... qui s'est ouverte soudain...

Je suis navré ! Vous auriez pu vous rompre le cou !...

Allons, au revoir, master, et encore tous mes regrets !... Mais la prochaine fois, soyez donc plus prudent !...

Ecouter aux portes... Quelle impudence !...

Que voulez-vous, le pauvre diable a des ordres ! Mais que ceci nous serve de leçon et nous rappelle le vieux slogan de la guerre: "Attention, des oreilles ennemies vous écoutent !..."

UN PEU PLUS TARD...

Je crois qu'il a perdu ma trace... Vite, entrons !...

Oui... Chambre 77... Allo ?... Monsieur Hilton ? Ici Abdul... Non, personne ne m'a vu... Je suis parvenu à lui échapper, mais cela devient de plus en plus difficile. Je ne puis plus faire un pas sans qu'il y ait l'un ou l'autre de ces horribles policiers sur mes talons. Je...

C'est bon ! Je sais tout cela. Aussi désormais, plus de coups de téléphone ici... Non, pas même d'une cabine publique... Sauf en cas d'extrême urgence, et alors, où vous savez... Quoi ?... Les ordres vous parviendront en temps et lieu, soyez tranquille... Et alors, qu'aviez-vous à me dire ?...

Voici : d'abord Grossgrabenstein est venu retirer son autorisation de fouilles... Non, aucun incident... Sauf une légère perturbation provoquée par sa voiture... Ensuite, Ahmed a découvert un nouveau fragment de papyrus... Oui, il y est question de l'existence possible d'un second passage...

Oh !... Vous dites ?... C'est l'avis de Mortimer... Très intéressant, suivez ça de près... C'est tout ?... Bon, autre chose : Sharkey veut vous voir pour un détail technique... Soyez au coin de Shariâ Suliman Pasha et de Shariâ Fouad El Auwal demain soir à 7 heures... Et rappelez-vous ce que je vous ai dit au sujet du téléphone...

LE LENDEMAIN SOIR, ABDUL SORT DU MUSÉE, MAIS...

Voilà ton bonhomme, ma faction est terminée, bonne promenade !... Mais méfie-toi, il est rusé !...

Sois tranquille !...

SANS PARAÎTRE S'APERCEVOIR QU'IL EST FILÉ, ABDUL REMONTE TRANQUILLEMENT SHARIA SULIMAN...

SUIVI DE SON GARDE DU CORPS QUI S'APPRÊTE PHILOSO-PHIQUEMENT À FAIRE UNE PETITE PROMENADE DE SANTÉ.

...MAIS AU COIN DE SHARIA FOUAD EL AUWAL, UNE CONDUITE INTÉRIEURE NOIRE EST ARRÊTÉE ET...

Les voilà !...

Vas-y !...

Va toujours, mon gaillard, ce n'est pas toi qui me sèmera !

Il va falloir jouer serré !

Shariâ Fouad : comment me débarrasser de lui ?...

Hey there! Can you give me a light ?... (1)

ET TANDIS QUE LE RUSÉ COMPÈRE DISTRAIT L'ATTENTION DU POLICIER, ABDUL S'EN-GOUFFRE DANS LA VOITURE.

O.K. Thanks !...

CLAC

Hep ! Par ici... Vite !...

?

Le tour est joué !...

!

(1) HOLA ! POUVEZ-VOUS ME DONNER DU FEU ?

TANDIS QUE LE COMPÈRE AU CIGARE SE PERD RAPIDEMENT DANS LA FOULE, LE POLICIER FURIEUX S'ÉLANCE POUR HÉLER UN TAXI... MAIS UN RESPECTABLE GENTLEMAN, PLONGÉ DANS LA LECTURE DE SON JOURNAL, S'AVANCE EN SENS INVERSE...

Oh! Il a laissé tomber son livre !...

...ET SOUDAIN L'INÉVITABLE SE PRODUIT !...

Dites donc, espèce d'olibrius ! Vous ne voyez donc pas où vous courez ?...

Oh! Pardon... Excusez-moi... Mais n'êtes-vous pas le professeur Mortimer ?...

Parfaitement !... Et alors ?...

Je suis l'inspecteur chargé de filer l'assistant Abdul...

Bon ! Mais ce n'est pas une raison pour charger les gens en plein bou- levard !...

Professeur: Abdul vient de s'échapper à l'ins- tant en sautant dans une auto...

... Voyez, l'auto noire qui prend le tournant là-bas !...

Hell ! La "Lin- coln" noire !!!

Et, tenez, voici le bouquin qu'il a laissé tomber !...

Oui, c'est bien celui qu'il avait l' autre jour entre les mains !...

Ah! Voici un taxi... Nous verrons ça plus tard... Hep!

Police ! Rejoignez cette "Lincoln" noire et en avant "plein tube"... Je prends tout sur moi !...

Bien Effendi !...

ET LE TAXI FONCE À TOUTE ALLURE À TRAVERS LE TRAFIC...

Si le signal est rouge au prochain carrefour, nous avons une chance de les rattraper !...

Inch Allah !...

Dites ! Sharkey !... Ils... ils nous prennent en chasse !...

T'en fais pas, Sonny ! Ce n'est pas leur vieux tacot qui rattrapera notre huit cylindres !...

MAIS AU CARREFOUR, LE FEU ROUGE VIENT SOUDAIN DE S'ALLUMER...

Le feu rouge !! Nous les tenons !...

Damned! Le feu rouge! Ah! Tant pis!

ET ECRASANT LE "CHAMPIGNON", SHARKEY LANCE LA "LINCOLN" A TRAVERS LE CARREFOUR...

A CETTE VUE, MORTIMER VEUT A SON TOUR BRULER LE SIGNAL, MAIS...

Passez! Mais passez donc que diable!!!

...LE TAXI S'EST ELANCE UNE FRACTION DE SECONDE TROP TARD ET...

BING

Eh! Dites donc, qu'est-ce qui vous prend?!

Police! Nous sommes à la poursuite de dangereux malfaiteurs...

A vos ordres, Inspecteur!...

Occupez-vous de cette affaire! Moi, je file prévenir le commissaire Kamal...

Entendu, professeur!...

UNE DEMI-HEURE PLUS TARD, CHEZ LE COMMISSAIRE KAMAL...

Eh bien, voilà qui est fait... J'ai transmis le signalement de la voiture à tous les postes de police. Des barrages vont être établis immédiatement tandis que des patrouilles sillonneront la ville et les environs...

Voilà qui est parfait!... Mais méfiez-vous d'Abdul! C'est un rusé coquin!...

Rassurez-vous! Nous allons nous occuper de lui... Et sérieusement!...

Alors, bonne chance!... Tenez-moi au courant...

L'INSTANT D'APRES, MORTIMER SE RETROUVE DANS LA RUE...

Ouf! Et maintenant, une bonne pipe...

Tiens, qu'est-ce que c'est que ça?... Ah oui! Le bouquin qu'Abdul a perdu... Voyons un peu...

GROSSGRABENSTEIN

AUTOPSIE D'UNE MOMIE DE LA XXIe DYNASTIE

Oh! Une œuvre de ce sacré farceur. Le titre est bien digne du personnage... Tiens, une dédicace...

GROSSGRABENSTEIN
AUTOPSIE D'UNE MOMIE DE LA XXIe DYNASTIE

Für Abdul Ben Zaim, einige Ratgebungen für anfangende Aegyptologen, mit den Grüssen von Dokter Grossgrabenstein (1)

Dr Grossgrabenstein

67.25.35

Très drôle!... Hé, qu'est ceci: 67.25.35.?... Un numéro de téléphone sans doute... Hum, hum.

(1) "POUR ABDUL BEN ZAIM, QUELQUES CONSEILS POUR EGYPTOLOGUE DEBUTANT AVEC LES COMPLIMENTS DU DOCTEUR GROSSGRABENSTEIN."

28

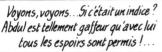
Voyons, voyons... Si c'était un indice ? Abdul est tellement gaffeur qu'avec lui tous les espoirs sont permis !...

Ma foi, je veux en avoir le cœur net !... Téléphonons aux renseignements.

...Oui, j'écoute... Le numéro est celui d'une boutique d'antiquités ?... Sharia-el-Khomar ?... Merci.

Hum ! Il est évidemment naturel qu'il fréquente les antiquaires, cependant... Je vais tout de même aller faire un petit tour de ce côté...

UN PEU PLUS TARD, SHARIA-EL-KHOMAR, A LA LIMITE DU VIEUX QUARTIER...

Oh ! M'y voici !

"...Youssef Khadem, antiquités "... Hum, on ne se met pas en frais d'éclairage ici...

Allons-y !...

Personne !... Ma parole, c'est le château de la Belle au bois dormant !... Hello !... Hello !...

CEPENDANT, INAPERÇU DE MORTIMER, QUELQU'UN L'OBSERVE A TRAVERS UN JUDAS...

ET SOUDAIN, DERRIERE LUI, UNE VOIX LE FAIT SURSAUTER...

Ya saat-el-bey !...

Hein !?... Bonjour !

Votre Excellence désire-t-elle quelque vénérable relique de notre glorieux passé ?...

Heu !... Oui... Montrez-moi ce que vous avez !...

Que diriez-vous de ces merveilleux émaux de la IVème Dynastie ? Ou bien ce pectoral provenant de...

Dites-donc, mon ami ! Me prenez-vous pour un apprenti ?... C'est de la pure camelote pour touriste !...

...Et ceci me déçoit, car votre maison m'avait été recommandée par l'un de vos clients : le docteur Abdul-ben-Zaïm.

Abdul-ben-Zaïm ?... Je ne connais personne de ce nom... Mais il est vrai qu'il vient ici tant de savants !...

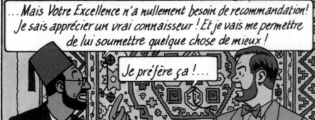
...Mais Votre Excellence n'a nullement besoin de recommandation ! Je sais apprécier un vrai connaisseur ! Et je vais me permettre de lui soumettre quelque chose de mieux !

Je préfère ça !...

Si Votre Excellence veut bien se donner la peine d'entrer !... Par ici...

APRÈS UN BREF INSTANT D'HÉSI-TATION, MORTIMER PÉNÈTRE DANS L'ARRIÈRE-BOUTIQUE...

Entrez, Khawaga, entrez!

MAIS A PEINE A-T-IL FAIT UN PAS, QU'IL REÇOIT SUR LE CRÂNE UN VIOLENT COUP DE CROSSE...

Bien joué, Bezendjas!

Oui, mais c'est une fameuse chance que je me sois trou-vé ici ce soir!...

Ne le perds pas de vue, je vais téléphoner au chef...

Sois tranquille!...

Mortimer? Pas possible!... Beau travail!... Oui, oui, j'arrive... J'ai juste-ment deux ou trois ques-tions à lui poser au sujet du trésor...

Il vient! Descendons dans la cave...

Attends que je prenne la lanterne.

Déposons-le sur ce lit...

Voilà qui est fait! Et maintenant, ficelons-le solidement ; où sont les cordes?

Dans ce coin, là-bas...

MAIS A CET INSTANT, MORTIMER, QUI, DEPUIS QUEL-QUES INSTANTS, FEIGNAIT D'ÊTRE SANS CONNAISSANCE...

Oui, là, devant toi...

...DÉCOCHE SOUDAIN A LA LANTERNE UN FORMIDABLE COUP DE PIED QUI L'ENVOIE SE BRISER SUR LE SOL...

!

BING

LA CAVE EST PLONGÉE DANS L'OBSCURITÉ. YOUSSEF, TIRANT AUSSITÔT SON POIGNARD, BONDIT VERS LE LIT...

Chien!

MAIS MORTIMER, RAPIDE COMME L'ÉCLAIR, SE JETTE A BAS ET LA LAME VIENT EN SIFFLANT S'ENFONCER DANS LE BOIS.

DZAC

Ya Salam! Qu'est-ce qui se passe?!

Le roumi s'est échappé!... Attention! Il est là, près des ballots!

COMPLÈTEMENT DÉCONCERTÉ PAR CETTE ATTAQUE SOUDAINE, LE BEZEND-JAS AFFOLÉ OUVRE LE FEU DANS LA DIRECTION DE MORTIMER...

PAN

PAN

PAN

MAIS TANDIS QUE LES BALLES RICOCHENT AUTOUR DE LUI, LE PROFESSEUR, TAPI DERRIERE LES BALLOTS, COMPTE LES DETONATIONS...

Une!...Deux!...Trois!

Diable! Il dispose encore de quatre balles!... Que faire?...

Ah! Une idée! Ce "Kâ"(1) va me servir...

Allons, rends-toi!...Tu n'as aucune chance!...

Vous allez voir ça, canailles!...

Et bien, tant pis pour toi!...

...et sept! Son chargeur est vide! C'est le moment! Passons à la contre-offensive!...

BRANDISSANT LA LOURDE STATUE, MORTIMER SURGIT SOUDAIN DE SA CACHETTE...

Place, coquin!...

?

...IL SE RUE SUR SES ADVERSAIRES STUPEFAITS, LES CULBUTE, PUIS EN DEUX BONDS, SAUTE DANS L'ESCALIER...

A CETTE VUE, RAZUL APPUIE SUR LA GACHETTE, MAIS...

Vide!!!...

CLIC

MORTIMER GRIMPE LES MARCHES QUATRE A QUATRE ET DEJA IL ATTEINT LA PORTE...

...LORSQUE YOUSSEF, D'UNE BRUSQUE DETENTE, LANCE SUR LUI SON POIGNARD...

...L'ARME ARRIVE EN SIFFLANT ET TOUT À COUP...

Ah!

POUSSANT UNE EXCLAMATION DE TRIOMPHE, LES DEUX BANDITS S'ELANCENT AUSSITOT DANS L'ESCALIER...

Mabrouk!... Youssef, nous le tenons!...

(1) STATUE FUNERAIRE REPRESENTANT LE "DOUBLE" DU DEFUNT.

31

TRANSPERÇANT LA MANCHE DU VESTON, LA LAME S'EST PROFONDEMENT ENFONCÉE DANS LE BOIS, CLOUANT LITTÉRALEMENT MORTIMER À LA PORTE...

Hell !... Impossible de l'arracher !! ...

Ah ! Ah ! Tu ne t'attendais pas à ce coup-là, hein, sale mouchard !

MAIS AU MOMENT OÙ LE BEZENDJAS S'APPRÊTE À LE SAISIR, NOTRE HÉROS LUI DÉCOCHE SOUDAIN UNE FORMIDABLE RUADE...

...Ni toi à ce coup-ci ?!! ...

How !!...

...PUIS AU PRIX D'UN VIOLENT EFFORT, IL SE DÉGAGE DO POIGNARD QUI RESTE FICHÉ DANS LE BATTANT

Enfin !...

...ET TANDIS QUE LES DEUX ACOLYTES DÉGRINGOLENT LES MARCHES DE L'ESCALIER ET ATTERRISSENT PÊLE-MÊLE DANS LA CAVE...

...MORTIMER BONDIT AU-DEHORS, REFERME LA PORTE ET POUSSE LE VERROU...

Ouf !!!! Et maintenant, alertons Kamal !...

Ah ! Le téléphone...

...Ya salâm ! Quelle histoire ! Bon !... Entendu... Nous arrivons tout de suite ...

Damned ! Voilà un veston gâché et une bonne estafilade !... C'est égal, je l'ai échappé belle !...

BOUM

Hé ! Mais qu'est-ce que ceci ?... Mes gaillards ont l'air de s'énerver !... Pourvu que Kamal se dépêche !...

BOUM   BOUM

EN EFFET, LES BANDITS SE SERVANT DE LA STATUE EN GUISE DE BÉLIER, ATTAQUENT LE BATTANT AVEC FUREUR...

Plus fort !... Plus fort !!...

BOUM

BOUM

MAIS, À CE MOMENT, AU FOND D'UN OBSCUR RECOIN, UNE PORTE SECRÈTE S'ENTR'OUVRE...

BOUM

BOUM

 OR, LE MYSTÉRIEUX VISITEUR QUI VIENT DE PÉNÉTRER DANS LA DEMEURE DE YOUSSEF, N'EST AUTRE QUE LE COLONEL OLRIK...

 **BOUM**

BOUM

Que signifie ce vacarme ?...

Voilà !... Je te l'avais bien dit... La tête est brisée !...

Bah ! La belle affaire ! Ce n'est que du toc !... Ce qu'il faut, c'est sortir d'ici avant l'arrivée du chef !...

 Par tous les diables !... Mes hommes enfermés !?!

 Alors, mes gaillards !... On vous a mis en pénitence !?...

Chef ! Laissez-moi vous expliquer ! Voilà... Euh... Il nous a eus à l'improviste... Juste au moment...

Oui, chef, il nous a pris en traître !... Et...

 Allons, ouste ! Sortez de là imbéciles ! Mais gare à vous s'il a réussi à s'échapper !...

 Tiens, je n'entends plus rien... C'est curieux... Allons jeter un coup d'œil de ce côté...

 MAIS COMME MORTIMER ATTEINT LE COULOIR QUI MÈNE À LA CAVE, VOICI QU'UNE OMBRE MENAÇANTE APPARAÎT SOUDAIN SUR LE MUR...

Olrik !!!

 Diable ! Trois contre un ! Non, merci ! En voilà assez pour aujourd'hui ! Filons !...

 Damned ! Fermée !!!... Ils ont pensé à tout !... Me voilà fait comme un rat !...

 Comment, Professeur, vous nous quittez déjà ?... Voyons, vous n'y pensez pas ! La soirée vient à peine de commencer !...

 MORTIMER, CHERCHANT UN ABRI, SE GLISSE DANS UN RECOIN DE LA BOUTIQUE.

 Allons, mon cher, vous êtes pris !... N'essayez pas de faire le malin !...

 COUVERTS PAR LE PISTOLET D'OLRIK, RAZUL ET YOUSSEF, UNE LUEUR DE VENGEANCE DANS LES YEUX, S'AVANCENT VERS MORTIMER...

Allez ! Empoignez-le !...

ACCULE DANS UN COIN, MORTIMER FAIT FACE A SES AGRESSEURS, QUAND...

...EN TATONNANT DERRIERE LUI, IL MET LA MAIN SUR UN LOURD COFFRET D'ARGENT...

IL S'EN SAISIT ET, RAPIDE COMME L'ECLAIR, LE LANCE VIOLEMMENT A LA FACE DU BEZENDJAS QUI CHANCELLE SOUS LE CHOC...

A CETTE VUE, YOUSSEF, FOU DE RAGE, BONDIT LE POIGNARD LEVE...

...MAIS MORTIMER, SOULEVANT UN LOURD FAUTEUIL...

...L'ENVOIE A TOUTE VOLEE SUR L'ANTIQUAIRE QUI LE REÇOIT EN PLEINE POITRINE !...

DEVANT LA TOURNURE INATTENDUE QUE PRENNENT LES EVENEMENTS, OLRIK FAIT FEU, MAIS EN CHERCHANT A EVITER LE FAUTEUIL QUI RETOMBE, IL FAIT UN FAUX MOUVEMENT...

PAN

Yaoû !!!...

...ET LA BALLE VA TRANCHER UNE CORDE QUI RETIENT SUSPENDU AU PLAFOND TOUT UN LOT D'OBJETS EN CUIVRE...

...CEUX-CI, LIBERES, S'ABATTENT AVEC FRACAS...

...SUR LE CRANE DE L'INFORTUNE PROFESSEUR QUI S'EFFONDRE SOUS L'AVALANCHE !

MORTIMER, ETOURDI, EST AUSSITOT RELEVE SANS DOUCEUR.

Et maintenant, Professeur, à nous deux !

MAIS A CET INSTANT PRECIS, OLRIK S'IMMOBILISE SOUDAIN...

Minute ! Qu'est-ce que ceci ?...

DEUX AUTOS DE LA POLICE, LEURS SIRÈNES MUGISSANTES, VIENNENT DE S'ENGAGER A TOUTE ALLURE DANS SHARIA-EL-KOMAR...

Malédiction! La police!...Il aura évidemment donné l'alarme...J'aurais dû m'en douter!...

Hurrah!!...La police!...A moi, Kamal! A l'aide! A moi!...A moi!...

Holà!...Il est un peu tôt pour crier victoire!!...

DANS UN GRINCEMENT DE FREINS, LES AUTOS STOPPENT DEVANT LA BOUTIQUE...

C'est ici, Commissaire...

Ah?...Bizarre que Mortimer ne soit pas là pour nous accueillir...

Tiens...Fermée!??...Hé! Mortimer! Ouvrez!...

BOUM BOUM BOUM

Pas de réponse. Cela me paraît louche!... Enfoncez cette porte!...

VIOLEMMENT ATTAQUÉE A COUPS D'ÉPAULE ET DE CROSSE...

...LA PORTE CÈDE BIENTÔT AVEC FRACAS!...

CRAC

Ya Salâm! On s'est battu ici!...Fouillez-moi cette bicoque, et vivement!...

Alors?

Rien, Commissaire...Sauf des traces de lutte dans la cave...

Naturellement, la boutique doit avoir une seconde issue, mais nous n'avons pas le temps de la chercher; les instants sont précieux! Vous, Selim, alertez la brigade et faites cerner le quartier. En attendant nous allons barrer aussi efficacement que possible les rues avoisinan-----tes...Au travail!

...ET LES HOMMES S'ÉLANCENT AUSSITÔT.

Attention! Ouvrez l'œil!...

...Allô! Oui...Coupez le trafic à partir de Chareh-el-Nahassin...

EN EFFET, LE TEMPS PRESSE, CAR OLRIK ET SES COMPLICES EMPORTANT MORTIMER ÉVANOUI, S'AVANCENT DANS LE PASSAGE SECRET...

TANDIS QUE CES EVENE-
MENTS MOUVEMENTES
SE DEROULAIENT DANS
LA BOUTIQUE DE L'ANTI-
QUAIRE YOUSSEF
KHADEM, SUR LA
ROUTE DE GIZA...

...ARRIVE, ROULANT A
VIVE ALLURE, LA "LINCOLN"
NOIRE, QUI RAMENE EN
VILLE LE CHEF DE
CHANTIER SHARKEY
ET L'ASSISTANT
ABDUL...

Donc, c'est bien entendu:
sitôt atteint le point "Gam-
ma" la galerie sera amorcée
sud-sud-ouest...

Ça va, "sonny"! Fie-toi à moi...
Mais voici l'arrêt de l'autobus:
je te descends ici, c'est plus
prudent!...

ET QUELQUES INSTANTS PLUS TARD,
SHARKEY REPART SEUL EN DIRECTION...

Ah! Voici mon bus!

...D'EL KHIDEIWI ISMAIL BRIDGE, A L'ENTREE DUQUEL
VEILLENT DEUX HOMMES DE LA POLICE ROUTIERE.

Nous sommes en faction depuis 8 heures, et nous avons
déjà contrôlé 17 "Lincoln"
noires! Par Allah, je n'aurais ja-
mais pensé qu'il y en eût tant!...

Oui, et il est heureux que l'
inspecteur ait pu relever le
numéro de la voiture
pendant la poursuite,
sans quoi...

Hé! Mais en voici une autre encore!...

En effet!...

Stop!

Vos papiers, s.v.p.

Voici...

MAIS TANDIS QUE LES POLICIERS VERIFIENT LES PAPIERS DE BORD,
VOILA QUE SURVIENT L'AUTOBUS GIZA~LE CAIRE...

...DANS LEQUEL ABDUL A PRIS PLACE...

Ah! Ah! Encore un chauffard qui se fait coller!

ABDUL, COMPLETEMENT AFFOLE PAR LA VUE DE SHARKEY AUX
PRISES AVEC LA POLICE, RENTRE CHEZ LUI PRECIPITAMMENT...

Tiens, voici notre oiseau
qui revient au nid!...

Il n'y a pas un instant à perdre! Il faut
prévenir le chef   par la voie "K"!

CEPENDANT, DANS LA BOUTIQUE DE YOUSSEF, OU LA POLICE SE
LIVRE A UNE PERQUISITION EN REGLE, MORTIMER TERMINE
LE RECIT DE SON AVENTURE.

Bref, sans votre énergique et
rapide intervention, je n'ose imaginer
où je serais à cette heure!...

Le fait est
que...

MAIS LA SONNERIE DU TELEPHONE VIENT
INTERROMPRE LE
COMMISSAIRE KAMAL...

DRING
DRING
DRING

 Allô ?...

 Allô !.. C'est toi, Youssef ?

 Euh... Oui...

 Ya Salam ! Ce n'était pas la voix de Youssef!

CLAC

 CE NOUVEL INCIDENT A PORTE L'INQUIETUDE D'ABDUL A SON COMBLE...

Il se passe quelque chose!... Mais que faire?... Si j'allais voir le chef?...

 Impossible! Ces maudits policiers me suivraient!...

 APRES UNE COURTE HESITATION, ABDUL PRENANT UNE DECISION SUBITE, SE PRECIPITE VERS LE TELEPHONE...

Oh! Je n'y tiens plus!... Tant pis pour les ordres... Je lui téléphone...

 A CE MOMENT, DANS L'APPARTEMENT D'OLRIK AU SHEPHEARD'S HOTEL...

Mais chef!...

Assez de boniments! Je répète que vous vous êtes conduits l'un et l'autre dans cette affaire comme des apprentis!... Et Youssef n'a que ce qu'il mérite... Une minute de plus, et je venais donner tête baissée dans le piège!...

 C'est comme moi! J'ai failli me faire pincer par un contrôle à Khideiwi bridge. J'avais heureusement laissé Abdul sur la route et tenais prête ma fausse plaque et mes faux papiers, sans quoi...

 MAIS TOUT A COUP...

DRRRING DRRRING DRRRING

 Allô!... Quoi? Qui?!...

 C'est Abdul !!!

 Passe-le moi, vite!...

 Non!... Monsieur, il y a erreur!... Oui, erreur!!! Compris!?!...

 Ça alors!...

L'animal! Téléphoner ici, malgré mes ordres, alors que la ligne est surveillée!... Il faut qu'il soit devenu complètement fou!...

 Il ne nous reste plus qu'à décamper d'ici, et en vitesse! Razul, file chercher la voiture. Gare-la à proximité et avertis-moi aussitôt... Pendant ce temps, Sharkey et moi, nous avons à travailler... Il ne faut rien laisser derrière soi!...

Bien chef!

 PENDANT CE TEMPS, AU CENTRAL TELEPHONIQUE.

Allô!... Oui, commissaire, le coup de téléphone que vous venez de recevoir chez Youssef l'antiquaire venait bien de l'appartement d'Abdul Ben Zaïm. Et l'on me communique à l'instant de la table d'écoute qu'il vient également de téléphoner au "Shephæard's Hôtel", appartement 77, où on lui a répondu qu'il y avait erreur...

 Abdul a téléphoné au "Shephæard's"!! C'est donc qu'Olrik s'y trouve! Dans ce cas, il ne peut pas nous échapper! Venez !!!...

All right! Allons-y. Je ne voudrais pas manquer ça!

QUELQUES MINUTES PLUS TARD, LES VOITURES DE LA POLICE STOPPENT DEVANT LE SHEPHEARD'S HOTEL...

Cernez le bâtiment, et inter-ceptez quiconque essayera de sortir par toute porte autre que celle-ci...

CES DISPOSITIONS PRISES, KAMAL ET MORTIMER SE RENDENT AUSSITOT A LA RECEPTION...

Commissaire Kamal !

La police ?... Que... Que dé-sirez-vous, messieurs ?...

Un simple renseignement : le nom de la personne qui loge au 77. C'est urgent...

Au 77 ?... Euh... Monsieur Hilton, je crois... Je vais vérifier...

Oui... C'est bien ça... Mr. Archibald Hilton... Un gros importateur anglais...

Archibald Hilton ?... Et ce monsieur est là, en ce moment ?...

Oui... Mais Mr. Hilton est un parfait gentleman, commissaire, et j'attire votre attention sur les fâcheuses conséquences qu'entraînerait pour le bon renom de l'établissement, toute action inconsidérée de la police...

Oui, oui... Tranquillisez-vous ! Nous opérerons avec discrétion...

J'enrage ! Mais il a raison, le moindre faux pas dans une affaire comme celle-ci serait catastrophique pour nous... D'autant plus que je suis sans mandat...

RECEPTION

Eh bien, voici ce que je propose : les autres issues étant surveillées et pratiquement infranchissables, je vais me poster dans le hall et si Olrik — que je suis d'ailleurs le seul à pouvoir identifier — tente de sortir, je le fais coffrer par les hommes qui gardent l'entrée principale... Vous, de votre côté, filez quérir le mandat nécessaire.

Bonne idée !... J'y vais.

ET MORTIMER S'INSTALLE A L'ABRI D'UNE COLONNE...

Ah ! Voici un excellent poste d'observation !

MAIS VOICI QUE, VENANT DE L'EXTERIEUR, RENTRE LE BEZENDJAS...

Mortimer !?!... Sortons téléphoner au patron !

Quoi ? Mortimer dans le hall ?! Tonnerre ! Ils n'ont pas perdu leur temps !... Ecoute : mets-toi au volant et prépare-toi à un départ en vitesse ; va !...

Goddam ! Si Mortimer est là, c'est que l'hôtel est cerné, donc inutile d'essayer de s'esquiver par derrière !...

Tout juste ! Aussi faut-il trouver autre chose...

APPAREMMENT PLONGE DANS LA LECTURE D'UN MAGAZINE, MORTIMER, L'ŒIL AUX AGUETS, VEILLE, QUAND...

Voici votre café, Khawaga.

Mon café ? Mais je n'ai rien commandé...

Oh ! Veuillez m'excuser, Khawaga ; je vais le remporter.

Non ! Au fait, c'est très bien : laissez-le.

Mmm ! Un "mazbout" ! Diable, il est corsé !...

CINQ MINUTES PLUS TARD...

Voyez donc l'allure de cet homme ; j'espère qu'il ne va pas s'endormir dans le hall !

Mais, ma parole, on dirait qu'il est ivre !...

EN EFFET, DEPUIS QUELQUES INSTANTS, MORTIMER LUTTE EN VAIN CONTRE UNE ÉTRANGE TORPEUR...

Bon sang ! Qu'est-ce qui me prend ? Ce n'est pourtant pas le moment de dormir !

MAIS MALGRÉ SES EFFORTS DÉSESPÉRÉS,...

...L'ENGOURDISSEMENT LE GAGNE, ET VOICI QUE SOUDAIN...

...COMME A TRAVERS UN BROUILLARD, IL VOIT OLRIK, ESCORTÉ DE SON GARDE DU CORPS, SORTIR DE L'ASCENSEUR ET SE DIRIGER TRANQUILLEMENT VERS LA RECEPTION...

Oh ! Monsieur Hilton, deux messieurs sont venus vous demander il y a quelques minutes...

Ah ! Oui, je vois... Le commissaire Kamal, n'est-ce pas ?...

Je sais de quoi il s'agit... S'il revient, dites-lui qu'il peut m'atteindre à "Helmia Palace"...

C'est que... Le second de ces messieurs est là qui attend...

MORTIMER, DANS UN SUPRÊME EFFORT, TENTE DÉSESPÉRÉMENT DE SE LEVER...

A...Arrê...! Ar...! C'est...!

Comment ?! Cet homme-là ?! Vous plaisantez ! Il est scandaleusement ivre ! Et je ne suis pas d'humeur à discuter avec un pareil individu !... Décidément, Kamal a de sin- gulières relations...

LE PROFESSEUR RETOMBE, ANÉANTI, ET REGARDE, IMPUISSANT, OLRIK ET SON ACOLYTE QUITTER LE HALL PAR LA GRANDE PORTE...

La police !... Qu'on les arr...!

...PUIS SOUS L'ŒIL DES POLICIERS DE GARDE, LES DEUX HOMMES DESCENDENT AVEC DÉSINVOLTURE LES MARCHES DU PERRON, TANDIS QUE LA "LINCOLN" VIENT SE RANGER LE LONG DO TROTTOIR...

...OÙ CELLE DU COMMISSAIRE KAMAL RAMÈNE CELUI-CI EN TOUTE HÂTE, MUNI DE MANDATS...

L'INSTANT D'APRÈS, EMPORTANT LE TRIO, LA PUISSANTE VOITURE DÉMARRE, AU MOMENT PRÉCIS...

COMME LA VOITURE DE POLICE STOPPE DEVANT LE SHEPHEARD'S, MORTIMER SURGIT, TITUBANT, SUR LE PERRON...

La... La "Lincoln" !!!

VINGT MINUTES PLUS TARD, DANS UN COIN DE L'"ARABIC HALL"...

Eh bien, docteur ?

Rien de grave : dans quelques instants, il n'y paraîtra plus !

A CE MOMENT RENTRENT LES POLICIERS QUE LE COMMISSAIRE AVAIT LANCÉS A LA POURSUITE DE LA "LINCOLN"...

Ah, vous voilà !... Alors ?...

Rien, commissaire, ils nous ont semés avec une aisance déconcertante.

Je l'appréhendais. Avec l'avance qu'ils avaient, c'était inévitable, et sauf...

MAIS UN APPEL LUI COUPE LA PAROLE...

Kamal !

Hello, Mortimer !

Ah, enfin, vous voilà réveillé !

Oui... Et je viens d'entendre le rapport de vos hommes ! Ainsi je les ai laissé filer ! Damned !...

Ne vous tourmentez pas ! Ce n'est pas votre faute s'ils ont réussi à vous faire avaler un soporifique...

Quoi !? Un soporifique ?... C'était donc ce maudit café ?... Mais le boy qui m'a servi, l'avez-vous interrogé ?...

Impossible ! Il a disparu. Un complice, naturellement... De plus, la perquisition de l'appartement et des bagages n'a rien donné. Une fois de plus la piste est brouillée, mais il nous reste Mr. Abdul, et celui-là, je vous promets va faire connaissance avec la manière for- te !...

Oui, c'est notre dernière chance, mais avant d'en arriver là, laissez-moi tenter quelque chose. J'ai mon idée...

Soit ! Mais après cela, fini ! Je le fais coffrer ! Il nous a assez roulés cet oiseau-là !

CEPENDANT, CURIEUSE COINCIDENCE, ARRIVÉS DANS LEUR NOUVELLE RETRAITE, OLRIK ET SON COMPLICE DISCUTENT EUX AUSSI LE CAS D'ABDUL...

C'est cet idiot qui est la cause de tout !

Naturellement, le gars a pris peur et...

...Et quand un gars de ce genre prend peur, il n'est pas de gaffe qu'il ne commette... Aussi, il va falloir aviser !...

LE LENDEMAIN APRÈS-MIDI, AU MUSÉE, ABDUL, RONGÉ D'INQUIÉTUDE, ET EN PROIE AUX PLUS SOMBRES PRESSENTIMENTS, ESSAIE EN VAIN DE POURSUIVRE SON TRAVAIL...

MAIS LA PORTE QUI S'OUVRE BRUSQUEMENT LE FAIT SURSAUTER...

Ya Salam ! Vous m'avez fait peur !...

Ah ! Vraiment ? Eh bien, vous aurez encore bien plus peur lorsque vous m'aurez entendu... Je sais tout !!!...

Quoi ?... Que... Que voulez-vous dire ?...

Je veux dire que je connais vos accointances avec la bande d'Olrik, alias Hilton !... Dois-je préciser ?...

Vous... Vous savez !! Malheur sur moi !...

ANÉANTI, ABDUL S'ÉCROULE SUR SON SIÈGE...

Oui, la partie est perdue pour vous, et il serait imprudent d'essayer de finasser plus longtemps. Je suis certain que vous avez été entraîné dans cette affaire, malgré vous ; de ce fait, je serais assez disposé à intercéder en votre faveur à condition que vous fassiez preuve de la plus entière franchise. Il vous reste une unique chance de vous racheter. Parlez !

Eh bien, tant pis !... Je vais tout vous dire...

VINGT MINUTES PLUS TARD, ARRIVANT EN TROMBE, UNE AUTO DE LA POLICE STOPPE DEVANT LE MUSÉE EGYPTIEN...

...LE COMMISSAIRE KAMAL EN SORT AUSSITÔT, ESCALADE QUATRE À QUATRE LES MARCHES DU PERRON...

ET SE PRÉCIPITE CHEZ LE PORTIER...

Le professeur Ahmed?

Au laboratoire, monsieur le commissaire...

CEPENDANT, AU LABORATOIRE, AHMED ET MORTIMER SUBISSENT, RÉSIGNÉS, LES INTARISSABLES DISCOURS DU DOCTEUR GROSSGRABENSTEIN, QUAND SOUDAIN...

Vormidable! Kolossal!... Des bichoux, des meubles, des statues, des armes, des...

...LA PORTE S'OUVRE BRUSQUEMENT.

Bonjour!

Vous, commissaire! Que se passe-t-il?

Il se passe que vous allez avoir à chercher un nouvel assistant.

Que voulez-vous dire?...Vous l'avez arrêté?...

Il s'est enfui?!...

Non, messieurs....Il s'agit de tout autre chose!...

Ce garçon vient d'être victime d'un accident!...D'un accident grave!...Il a été renversé par une auto alors qu'il traversait Sharia Qasr el Nîl... Par une "Lincoln" noire, pour être précis!...

Ya Salam!

Damned!!!...Et... Il est mort?...

Bien entendu!...De sorte que ce malheureux serait encore en vie si vous m'aviez laissé faire!...

Excusez-moi, meine herren. Mais qui est cet Abdul tont fous barlez?...

Mon assistant, le jeune homme qui travaillait ici avec moi...

Ach oui! Parfaitement...Un suchet d'afenir... Che lui avais même déticacé mon livre, je crois... Quel malheur! Mourir si cheune!...Et sous une automopile!...

Je suppose, professeur, que vous ne nierez pas la faillite de vos procédés de policier amateur? La piste est maintenant brouillée. C'est d'autant plus ennuyeux que nous venons précisément d'apprendre que Olrik serait le chef de cette insaisissable bande de trafiquants de devises et de stupéfiants que nous pourchassons en vain depuis si longtemps. Aussi bien ne vous étonnerez-vous pas si la police reprend, dès maintenant, ses méthodes à elle, moins subtiles que les vôtres peut-être, mais plus efficaces!...

Je vous comprends, commissaire... Les faits sont contre moi, et cependant je n'en persiste pas moins à croire que je réussirai tôt ou tard à triompher de ce gredin et de sa bande... Mais la lutte sera chaude et la besogne rude pour un homme seul...

Alors?...

Alors je vais de ce pas faire appel à mon vieux compagnon d'armes, le capitaine Blake et, by Jove, nous verrons bien qui aura le dernier mot!...

Pravo! Pravo! Voilà des paroles firiles et bien tignes du héros de l'"Espaton"!...Professeur Mortimer, je suis de cœur avec fous!...

!

LE LENDEMAIN MATIN A LONDRES, DANS UN BUREAU DU DEPARTEMENT DE L'I.S. A SCOTLAND YARD...

...LE FAMEUX CAPITAINE FRANCIS BLAKE (1), "POLITICAL AGENT" POUR LE MOYEN-ORIENT...

...CONFERE AVEC L'UN DE SES AGENTS, RENTRE DE MISSION.

...En résumé, cette affaire de contrebande ne fait que s'étendre chaque jour davantage! Il ne s'agit plus seulement de stupéfiants, mais d'or, d'antiquités, et même de radium, dont on vient de découvrir 2 grammes à la douane de "Farouk"!...

I see!...

MAIS A CE MOMENT, UN PLANTON PARAIT DANS L'ENCADREMENT DE LA PORTE...

Un télégramme, sir!...

Donnez, Smits...

Ecoutez ça, Bryes!... "Le Caire, 30 avril - Nouvelle sensationnelle ~ Olrik est ici ~ Suis aux prises avec bande internationale de trafiquants dont Olrik est le chef ~ Tiens une piste ~ Mais votre présence souhaitée ici d'urgence ~ Prudence s'impose ~ Mortimer."

Eh bien, le temps de passer chez moi prendre quelques vêtements, et je puis encore arriver à temps à Douvres pour la malle de 16 h. 30'!

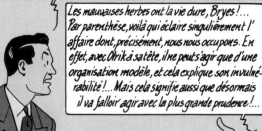

Quoi? Olrik? L'ex-conseiller de Basam le Cruel (1)?... Mais je le croyais mort!?...

Les mauvaises herbes ont la vie dure, Bryes!... Par parenthèse, voilà qui éclaire singulièrement l'affaire dont, précisément, nous nous occupons. En effet, avec Olrik à sa tête, il ne peut s'agir que d'une organisation modèle, et cela explique son invulnérabilité!... Mais cela signifie aussi que désormais il va falloir agir avec la plus grande prudence!...

ET BLAKE QUITTE LE "YARD" PEU APRES; MAIS...

En route, le voici...

Ah! Par exemple!...

...Aussi, pour dépister une éventuelle surveillance de nos services par les hommes d'Olrik, vais-je ostensiblement m'embarquer pour la Belgique, puis de Bruxelles, je gagnerai le Caire à bord d'un avion de la Sabena...

Excellente idée, sir! Et quand partez-vous?...

TANDIS QUE LE CREPUSCULE DESCEND LENTEMENT SUR LA MER, LA MALLE "KONING ALBERT" APPROCHE DE LA COTE BELGE...

ALORS QU'IL EST OCCUPE A LIRE, BLAKE EPROUVE SOUDAIN LA DESAGREABLE SENSATION D'ETRE OBSERVE A TRAVERS LA FENETRE DU FUMOIR...

LEGEREMENT INTRIGUE, LE CAPITAINE PASSE SUR LE PONT, OU IL A TOT FAIT DE REPERER, FUMANT ADOSSE DANS UN COIN, UN INDIVIDU A LUNETTES, AU MASQUE IMPASSIBLE.

Tiens, tiens... Mais où diable ai-je déjà vu cette tête-là?... Ah oui! Dans l'express de Londres... Bah, nous verrons bien.

(1) VOIR: "LE SECRET DE L'ESPADON".

TROIS QUARTS D'HEURE PLUS TARD, LA MALLE AYANT ACCOSTÉ AU QUAI D'OSTEN-DE, BLAKE DÉBARQUE AUSSITÔT ET SE DIRIGE SANS TARDER VERS LA GARE MARI-TIME OÙ L'EXPRESS DE BRUXELLES ATTEND LES PASSAGERS DE LA MALLE.

A PEINE LE CAPITAINE S'Y EST-IL INSTALLÉ, QUE L'HOMME A LUNETTES PARAÎT A SON TOUR ET, TRÈS TRANQUILLEMENT, VIENT S'ASSEOIR EN FACE DU CAPITAINE...

UN BREF COUP DE SIFFLET RETENTIT; LE TRAIN S'ÉLANCE DANS LA NUIT, A TRAVERS LA CAMPAGNE ENDORMIE...

ARRIVE DANS LA CAPITALE, BLAKE, DÉCIDÉ A SEMER SON SINGULIER COMPAGNON DE VOYAGE, SORT RA-PIDEMENT DE LA GARE ET SE JETTE DANS UN TAXI!...

Au Métropole! En vitesse...

POURTANT, AU MOMENT OÙ LE CAPITAINE REMPLIT SA FICHE, L'HOMME AUX LUNETTES FAIT SON ENTRÉE DANS LE HALL ET S'AVANCE PAISIBLEMENT VERS LE BUREAU DE LA RÉCEPTION.

MAIS DANS LE CAR QUI EMPORTE BLAKE VERS L'AÉROGARE DE MELSBROEK, L'HOMME EST ASSIS JUSTE DERRIÈRE LUI.

Ouf! Il aurait fini par m'hypnotiser avec ses yeux de grenouille!

CEPENDANT, APRÈS UNE NUIT SANS HISTOIRE, BLAKE SE REND LE LENDEMAIN MATIN AU "TERMINUS" DE LA SABENA; MAIS, A SA SURPRISE, L'"AUTRE" L'Y A DÉJA PRÉCÉDÉ.

Décidément, l'animal commence à m'agacer...Enfin! Peut-être va-t-il prendre une autre direction...

C'est idiot! S'il voulait me filer, pourquoi agirait-il de façon si grotesque?...

TRENTE-CINQ MINUTES PLUS TARD, LES DERNIÈRES FORMALITÉS ACCOMPLIES, LES VOYAGEURS S'AVANCENT SUR LE TARMAC... ET S'EN VONT PRENDRE PLACE A BORD DU D.C.4. QUI ASSURE LA LIAISON BRUXELLES-LE CAIRE.

8H.45'! LE SIGNAL EST DONNÉ A LA TOUR DE CONTRÔLE; AUSSITÔT LE GRAND OISEAU D'ARGENT PREND SON VOL...

DANS LA CARLINGUE, IMPERTURBABLE, L'HOMME A LUNETTES S'EST INSTALLÉ A COTE DU CAPITAINE!

ENTRETEMPS, AU CAIRE, DEVANT LA TOURNURE PRISE PAR LES EVENEMENTS, ET A LA SUITE DES DIVERGENCES DE VUES SURVENUES ENTRE LE COMMISSAIRE KAMAL ET LUI, MORTIMER, APRES AVOIR LANCE SON APPEL A BLAKE, S'EST RETIRE A "MENA-HOUSE"

...AU PIED DU PLATEAU DE GIZA, FACE AUX PYRAMIDES, AVEC L'INTENTION D'Y MENER, DU MOINS EN APPARENCE, LA VIE D'UN TOURISTE. ET TANDIS QUE LE D.C.4. VOLE VERS SA DESTINATION, LE PROFESSEUR CONTEMPLE D'UNE TERRASSE D'HOTEL L'IMPRESSIONNANT DECOR QUI S'OFFRE A SA VUE...

MAIS VOICI QUE PARAIT NASIR, SON FIDELE SERVITEUR...

Un télégramme pour vous, sahib!

Ah! Voici une bonne nouvelle, Nasir: le capitaine Blake arrive ce soir!

Mon cœur s'en réjouit!... Quels sont les ordres, sahib?

Tu retiendras un taxi pour 9h!....J'irai accueillir le capitaine à l'aérodrome...

Ce sera fait, sahib...

L'APRES-MIDI TOUCHE A SA FIN LORSQUE L'AVION DE LA "SABENA" SURVOLE LA FRONTIERE GRECQUE, ET BIENTOT

...A LA TOUR DE CONTROLE D'HELLINIKON, AEROPORT D'ATHENES...

Le O.O.C.B1 demande la piste...

DEJA, DU HAUT DES AIRS, APPARAIT DANS TOUTE SA GLOIRE, RAYONNANT AU SOLEIL, L'ACROPOLE, SPLENDIDE VESTIGE D'UN PASSE PRESTIGIEUX...

...PUIS TOUT DE SUITE APRES, L'AERODROME D'HELLENIKON. ET C'EST L'ATTERRISSAGE...

Athènes!... Mesdames, messieurs, l'escale est de quarante-cinq minutes...

TOUT HEUREUX DE SE DEGOURDIR LES JAMBES, LES VOYAGEURS DESCENDENT SUR LE TARMAC ET SE RENDENT A LA BUVETTE DE L'AERODROME. ET, BIEN ENTENDU...

Hum!... Evidemment, c'est ridicule, mais j'éprouve une furieuse envie d'envoyer un direct à ce gentleman à lunettes.

MAIS SOUDAIN, DOMINANT LE BROUHAHA, UN HAUT-PARLEUR FAIT RESONNER SA VOIX METALLIQUE...

Allô! Allô! On demande monsieur Francis Blake au téléphone...

46

A LA VOIX DU HAUT-PARLEUR, L'HOMME A LUNETTES NE PEUT REPRIMER UN SOURIRE SARDONIQUE.

Joli travail, Milos! Juste à temps!...

Le téléphone? Par ici, sir, à gauche au fond du couloir.

Thank you very much.

ASSEZ INTRIGUE, LE CAPITAINE SE DIRIGE VERS LA CABINE TELEPHONIQUE...

C'est vraisemblablement une communication urgente du Yard...

ET L'HOMME A LUNETTES S'EST AUSSITOT GLISSE DERRIERE LUI...

Allô! Ici Blake!

Allô!... Allô!...

SES APPELS REPETES RESTENT SANS REPONSE. BLAKE EST PRIS SOUDAIN D'UN ETRANGE SOUPÇON, ET, INSTINCTIVEMENT, SE RETOURNE...

!

...MAIS L'HOMME A LUNETTES EST LA, QUI, SANS LUI PERMETTRE D'ESQUISSER UN SEUL GESTE DE DE-FENSE, PRESSE A TROIS REPRISES, LA GACHETTE DE SON PISTOLET MUNI D'UN "SILENCIEUX"...

Voilà pour toi, sale mouchard!

PLOP
PLOP
PLOP

SANS UN CRI, LE CAPITAINE S'ECROULE AUX PIEDS DU BANDIT...

J'ai dans l'idée qu'il va y avoir un poste vacant dans les services de l'I.S. ...

ENTENDANT RESONNER UN PAS DANS LE COULOIR, L'HOMME REFERME PRESTEMENT LA PORTE SUR SA VICTIME ET LA BLOQUE...

Damned! Quelqu'un vient! Filons d'ici!...

Vous désiriez sans doute téléphoner?... Vous n'avez pas de chance; l'appareil est hors de service...

Sapristi! Voilà qui est fâcheux... Enfin, tant pis, merci quand même!...

ET LE MEURTRIER REGAGNE LE BAR...

J'ai eu chaud!... Barman! Un whisky bien tassé!...

Très bien, sir!

ENFIN LE HAUT-PARLEUR SE FAIT ENTENDRE A NOUVEAU...

Les voyageurs pour le Caire, Khartoum, Juba et Stanley-ville sont priés de monter à bord!...

My goodness! At last!

VISIBLEMENT SOULAGE, LE MYSTERIEUX PERSONNAGE S'EMPRESSE DE QUITTER LA BUVETTE ET DE SE JOINDRE AUX VOYAGEURS QUI REGAGNENT L'AVION.

QUATRE JOURS ONT PASSÉ, ET LE MYSTÈRE QUI ENTOURE LA DISPARITION DE BLAKE EST TOUJOURS AUSSI COMPLET. CONNAISSANT LES MOYENS DONT DISPOSE LA REDOUTABLE ORGANISATION D'OLRIK, MORTIMER CRAINT QUE LE CAPITAINE N'AIT ÉTÉ VICTIME DE QUELQUE CRIMINELLE MACHINATION. MAIS COMME D'AUTRE PART, IL SE DEMANDE SI SON AMI N'A PAS ÉTÉ AMENÉ À MODIFIER SUBITEMENT SES PLANS, IL A ADRESSÉ UN TÉLÉGRAMME À SCOTLAND YARD, AFIN D'OBTENIR DES EXPLICATIONS DIRECTES. ET C'EST DANS CET ÉTAT D'ESPRIT QUE NOUS LE RETROUVONS, AU MATIN DU CINQUIÈME JOUR, PARCOURANT SON COURRIER, INSTALLÉ SUR UNE TERRASSE DE "MÉNA-HOUSE"...

Toujours rien de Londres... Mais qu'attendent-ils donc ?

Ah ! Je ne tiens plus en place ! Fais seller un cheval, je vais faire un tour sur le plateau... Et si le télégramme arrivait avant mon retour, viens à ma rencontre...

Comptez sur moi, sahib !...

CEPENDANT, AU-DEHORS, DERRIÈRE LA PORTE DU PROFESSEUR, UN BOY DE L'HÔTEL EST AUX ÉCOUTES...

?

ET TANDIS QUE MORTIMER S'ACHEMINE LENTEMENT VERS LE PLATEAU DE GIZA...

DANS UN COIN DU JARDIN...

Il est inquiet, mais il semble espérer un télégramme de Scotland-Yard...

Ah !?... Alors arrange-toi pour être présent lorsque le message arrivera...

APRÈS AVOIR ERRÉ PENDANT QUELQUE TEMPS AU HASARD À TRAVERS L'IMMENSE NÉCROPOLE, MORTIMER PEU À PEU RECOUVRE SON CALME...

ET MALGRÉ L'INQUIÉTUDE QUI LE TOURMENTE, S'ARRÊTE POUR CONTEMPLER UNE FOIS ENCORE, LE GRAND SPHINX RÊ-HARMAKHIS, DIEU DU SOLEIL LEVANT...

ENFIN, APRÈS AVOIR LONGUEMENT CONTEMPLÉ L'ÉNIGMATIQUE STATUE, IL POURSUIT SA ROUTE...

ARRÊTANT SON CHEVAL AU PIED DE LA GRANDE PYRAMIDE, MORTIMER LÈVE PENSIVEMENT LES YEUX SUR LE GIGANTESQUE TOMBEAU DU PHARAON KHÉOPS...

Dire que le mot de l'énigme est peut-être là, à portée de la main... Oui, tout me dit que cette montagne de pierre n'a pas livré tous ses secrets et que le papyrus de Manéthon doit répondre à une réalité...
La chambre d'Horus existe!... Je le sens!...

CEPENDANT MORTIMER, S'ARRACHANT A SES PROFONDES REFLEXIONS, REPREND LENTEMENT LE CHEMIN DU RETOUR...

MAIS A PEINE A-T-IL FAIT QUELQUES PAS, QU'IL S'ARRÊTE BRUSQUEMENT

Tiens, qu'est-ce qui se passe là-bas ?...

Cela m'a tout l'air d'une rixe...

ET PIQUANT DES DEUX, IL LANCE SA MONTURE AU GALOP...

Quand j'interdis que l'on aille fouiner dans les coins, je désire être obéi, entends-tu ?...

Mais, effendi, le moudir (1) avait dit...

Quoi ? Tu discutes mes ordres à présent !... Tiens !!!

Ah ! Tu fais la forte tête ! Attends, je vais te dresser, espèce de macaque !...

Grâce, effendi !!!

MAIS SOUDAIN, UNE VOIX TRÈS CALME RÉSONNE AU-DESSUS D'EUX...

Arrête, étranger !...

STUPÉFAIT, SHARKEY SE RETOURNE : UN VIEILLARD ÉTRANGEMENT MAJESTUEUX EST LÀ, DEBOUT SUR LE BORD DE LA TRANCHÉE

En vérité, je te le dis, épargne cet homme !

SUFFOQUÉ PAR TANT D'AUDACE LE "WEKIL" (2) TOURNE SA COLÈRE CONTRE LE VIEILLARD...

Wait a minute, you !!!...

Répète donc ce que tu viens de dire, sale moricaud !...

J'ai dit : épargne cet homme !

(1) DIRECTEUR DES TRAVAUX
(2) LIEUTENANT

51

A CES MOTS, SHARKEY, TRANSPORTE DE FUREUR, BONDIT HORS DE LA TRANCHEE, LA COURBACHE LEVEE...

Damned ! En voilà assez !

MAIS A CE MOMENT UNE MAIN SAISIT SON POIGNET AVEC TANT DE FORCE QU'ELLE L'OBLIGE A LACHER SON FOUET...

?

RUGISSANT DE COLERE, SHARKEY SE RETOURNE ET

Le barbu ! C'est le bouquet ! Hé ! Descends de là, que je te démolisse !...

A CES PAROLES DE DEFI, LE PROFESSEUR, SANS PERDRE SON CALME, SAUTE LESTEMENT A TERRE.

Je vois que ce garçon a besoin d'une leçon de politesse...

...Et toi, d'une leçon de boxe !...

ET SANS DONNER LE TEMPS A SON ADVERSAIRE DE SE METTRE EN GARDE, SHARKEY LUI DECOCHE UN FORMIDABLE CROCHET. MAIS MORTIMER ESQUIVE LE COUP...

Attrape-ça !!!

...ET RIPOSTE PAR UN FULGURANT UPPERCUT DU DROIT...

Ohw !!

...QUI CULBUTE SHARKEY...

....ET L'ENVOIE ROULER LES QUATRE FERS EN L'AIR , AU FOND DE LA TRANCHEE...

Alors ? Monsieur le professeur est-il satisfait de son élève ?...

Attends ! Je m'en vais te rabattre le caquet !...

MAIS A CET INSTANT PRECIS...

?

Que signifie tout ce vacarme ?

?

C'EST L'INEFFABLE DOCTEUR GROSSGRABENSTEIN QUI VIENT DE SURGIR DU PUITS D'ACCES AU MASTABA, COMME UN DIABLE SORTANT DE SA BOITE.

Monsieur Sharkey, feuillez rengainer cet enchin, che fous prie... Nous ne sommes bas ici au tir forain !...

!

52

DEVANT CETTE APPARITION INATTENDUE, MORTIMER NE PEUT RETENIR UNE EXCLAMATION D'ÉTONNEMENT...

Ça par exemple ! Docteur Grossgräbenstein !...

Mein Gott ! Le professeur Mortimer ! Mais que se basse-t-il donc ?

Excusez-moi de m'être mêlé de vos affaires, docteur, mais j'ai été obligé de corriger votre wékil qui rossait un indigène.

Encore ! Ah ! Décidément, il est ingorrichible... Mais descendez donc, cher ami !...

Ta ! Ta ! Bas d'explications, le professeur a fort bien fait, et j'espère que cette fois, la leçon venant de la bart d'un aussi barfait chentleman, vous brofitera... Allons, filez, mon ami, et que che ne fous y rebrenne plus !

Bon... Ça va !...

Nous nous retrouverons, professeur Mortimer !...

Mon cher ami, toutes mes excuses pour ce vâcheux incident !...

...Entre nous, ce n'est pas un mauvais diable, mais il a un vichu caractè-re !...

N'en parlons plus... Ainsi donc, c'est ici que vous avez entamé vos fouilles ?...

Oui, mon cher gonfrère, voici le tombeau de Tanît-karâ !...

Ah oui, l'épouse de Shepseskaf... Verriez-vous un inconvénient à ce que je visite votre chantier ?

Euh... Bas du tout, mais che fous bréviens que nous n'en sommes encore qu'au tébut et, que par gonséquent...

Vous êtes trop modeste !

MORTIMER ET LE DOCTEUR DESCENDENT DANS LE PUITS D'ACCÈS.

Foilà, fous y êtes...

APRÈS AVOIR TRAVERSÉ PLUSIEURS SALLES TAILLÉES DANS LE ROC, ILS ARRIVENT PRÈS DES OUVRIERS AU TRAVAIL...

Comme fous foyez, nous cherchons en ce moment l'entrée de la chambre vunéraire. Mais cela peut nous brendre bas mal de temps encore !...

À CE MOMENT, L'ATTENTION DE MORTIMER EST ATTIRÉE PAR UNE ENTRÉE DE GALERIE À DEMI DISSIMULÉE...

Tiens ? Qu'est-ce que ceci ?

...Un ancien cheminement de foleurs (1). Sharkey l'a exploré, il se termine en gul-de-sac. Ce qui renforce mon esbérance d'être tombé sur une sépulture encore infiolée, chose rare en Échypte...

En effet...

Ach ! Je crains fort que cette fisite ne vous ait désabointé... Aussi, en gompensation, foulez-fous me faire l'honneur de fenir foir ma gollection cet après-midi...

Très volontiers...

ET LES DEUX HOMMES REMONTENT À L'AIR LIBRE...

MAIS À PEINE MORTIMER S'EST-IL HISSÉ HORS DU PUITS D'ACCÈS, QU'UN CRI TERRIBLE LE FAIT SE RETOURNER D'UN BOND.

Balek !!! (2)

!

(1) GALERIE CREUSÉE PAR DES PILLEURS DE TOMBES
(2) ATTENTION !!!

DANS UN ECLAIR, MORTIMER VOIT UN BLOC DE ROCHER TOMBER SUR LUI DU HAUT DE LA MURAILLE QUI SURPLOMBE LE PUITS...

IL N'A QUE LE TEMPS DE SE COLLER A LA PAROI ET LE BLOC VIENT S'ECRASER A SES PIEDS...

A CE MOMENT PRECIS, GROSSGRABENSTEIN SURGIT A SON TOUR DU PUITS.

Décidément, docteur, il fait bien malsain sur votre chantier!

Que diable foulez-fous dire?...

Qu'il s'en est fallu d'un cheveu que je ne sois écrasé comme un œuf par ce bloc de pierre qui vient de choir de là-haut!

Was sagen Sie!?!

C'en est trop! Oú est le contremaître? Raïs! Raïs!!! Raïs!!! (1)

Donnerwetter! Quel est le stupide animal qui s'amuse à lancer des pierres du haut de la tranchée!?...

Mais pirsonne y en a travailler dé'ci-côté, moudir...

Comment, personne! Alors qui a poussé ce maudit caillou? Allons, réponds!...

Ji sais pas, moudir... C'est pit-être l'esprit de Tanitkharâ... Li yen a être offensé par nos richerches?!?

Ha! Ha! Ha! L'esprit de Tanitkhara! Le chantier maudit! La ponne plaisanterie!!!

Fous afez entendu ça, professeur? J'espère que fous n'êtes bas supersticieux?...

Pas précisément... Et d'ailleurs j'ai constaté que les morts sont bien moins à craindre que les vivants, cher confrère!...

QUELQUES INSTANTS PLUS TARD, REMONTE EN SELLE, MORTIMER PREND CONGE DU DOCTEUR.

Alors, c'est entendu, n'est-ce pas? Je vous attends pour le thé...

All right!...

ET MORTIMER, L'ESPRIT PREOCCUPE PAR LES RECENTS EVENEMENTS, REPREND LE CHEMIN DE MENA HOUSE...

Je me demande qui a pu me lancer ce providentiel avertissement?...

Ya Salam! Le moudir il peut bien rire, cette pierre y en a pas tomber toute seule et...

Inch Allah!

PENDANT CE TEMPS, SHARKEY, DISSIMULE DERRIERE UN MONTICULE, REGARDE S'ELOIGNER LE PROFESSEUR.

Tu m'échappes encore... Mais sois tranquille, ce n'est que partie remise!!!...

(1) CONTREMAITRE INDIGENE

UN QUART D'HEURE PLUS TARD, MORTIMER ARRIVE A MENA HOUSE, ET S'APPRÊTE À METTRE PIED A TERRE, LORSQU'IL VOIT NASIR ACCOURIR VERS LUI...

Sahib! Sahib!!...

LE VISAGE CRISPÉ, NASIR LUI TEND UN JOURNAL...

Des... Des nouvelles du capitaine !...

EN UN INSTANT, LE PROFESSEUR A SAUTÉ DE CHEVAL ET S'EMPARE DU JOURNAL; MAIS, A PEINE YA-T-IL JETÉ LES YEUX QU'IL POUSSE UN CRI...

Grand Dieu !

UN CRIME MYSTÉRIEUX A ATHÈNES
LE CAPITAINE FRANCIS BLAKE ASSASSINÉ ?

A. P. mande d'Athènes que le capitaine Blake, le célèbre héros de la dernière guerre mondiale aurait été assassiné à Athènes. Les autorités grecques, sur la demande expresse de Scotland Yard, avaient, jusqu'à ce jour, interdit de publier la nouvelle, et même à cette heure, un coin seulement du voile qui recouvre cette ténébreuse affaire vient d'être soulevé. Rien, pour l'instant ne permet encore d'infirmer ou de confirmer l'opinion selon laquelle il s'agirait là d'un crime politique.

Un mystérieux coup de téléphone

Athènes. — A. P. communique les détails suivants au sujet de l'assassinat du capitaine Blake. Celui-ci — qui se rendait en Egypte par la ligne aérienne Bruxelles-Le Caire de la Sabena, avait été appelé au téléphone à l'aéroport à Hellinikon, lors de l'escale de l'avion à Athènes. Le capitaine ne s'étant pas représenté au moment du départ, l'avion dut repartir sans lui. C'est peu après qu'un autre voyageur trouva la porte de la cabine téléphonique coincée et aperçut, à l'intérieur, le corps inanimé de l'officier. La police avertie, arriva aussitôt sur les lieux.

Le cadavre a disparu...

Mais à l'arrivée des policiers sur les lieux, on constata avec stupeur que le cadavre avait disparu ! Seules, quelques traces de sang, ainsi que trois douilles de pistolet, témoignaient qu'un drame venait de se jouer là.

En plein mystère

En raison de la personnalité de la victime, le secret le plus complet entoure l'enquête. Tout ce que nous pouvons dire, c'est que Scotland Yard a dépêché sur place deux de ses meilleurs agents et que rien ne sera négligé pour tirer au clair cette ténébreuse affaire, bien que jusqu'à présent, on semble manquer totalement d'indices.

La carrière du capitaine Blake

Le capitaine Blake, qui vient de trouver la mort dans les conditions mystérieuses que nous venons de relater, avait fait ses études à Oxford, où après

GRAND

Elle se p s'assurer de qu'elle po vous, vous s'offre enco
— Rien vous laisse tion sans i que vous
— Vous t

AU CONGRES AMERICAIN
UN APPEL DE M. ACHESON

BOULEVERSÉ PAR CETTE NOUVELLE, MORTIMER NE PEUT MAÎTRISER SON ÉMOTION...

Par l'enfer ! Si c'est là un coup d'Olrik, il le paiera de sa vie, je le jure !!!

Le capitaine assassiné ?! Comment Allah aurait-il permis un pareil forfait ?

Oui, et, contre toute raison, je veux encore espérer que la réponse du Yard démentira cette affreuse nouvelle !

AU MÊME INSTANT...

Un télégramme pour le professeur Mortimer...

Ah! Voilà la réponse de Londres... Ouvrons l'œil !...

FÉBRILEMENT, LE PROFESSEUR DÉCACHÈTE LE TÉLÉGRAMME.

Ciel !...

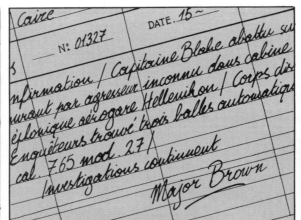

Caire

N° 01327   DATE. 15 ~

...nfirmation / Capitaine Blake abattu sur...
...rant par agresseur inconnu dans cabine...
...plonique aérogare Hellenikon / Corps dé...
Enquêteurs trouvé trois balles automatiqu...
cal. 7.65 mod. 27 /
Investigations continuent

Major Brown

La mort du capitaine Blake est confirmée !!

Ya khabar eswed !!!...

Et maintenant, mon brave Nasir, il nous reste un grave devoir à accomplir : découvrir l'assassin et le châtier !... Viens...

ET TANDIS QU'ACCABLÉ PAR CETTE FATALE NOUVELLE, LE PROFESSEUR MORTIMER REGAGNE SES APPARTE-MENTS, DANS UN COIN RETIRÉ DU JARDIN, LE BOY MOUSSA, QUI, DE LOIN, A TOUT ENTENDU, VIENT RENDRE COMPTE DE SA MISSION AU BEZENDJAS...

...Oui, Razul, le message est for-mel ; l'Anglais est mort !...

Bien travaillé, Moussa ! Voici pour toi... Mais tiens ta langue !

Et maintenant, entre Olrik et moi, com-mence une lutte sans merci ! Je venge-rai Blake et j'éluciderai le mystère de la Grande Pyramide !...

...Et toi, ô Allah tout Puissant, que ta malé-diction s'abatte sur cet infâme traître ! Sur lui et sur ses descendants jusqu'à la septième génération !!!

LE PROFESSEUR MORTIMER PARVIENDRA-T-IL A PERCER LE MYSTÈRE DE LA GRANDE PYRAMIDE ET A VENGER LA MORT DE SON AMI ? C'EST CE QUE VOUS SAUREZ EN LISANT LA DEUXIÈME PARTIE...

LA CHAMBRE D'HORUS...